家庭教育を再考する

──新たな社会に向けて

遠藤克弥　著

川島書店

はじめに

平成の時代が始まる少し前頃に、アメリカから「生涯学習（Life-long Learning）」という新しい言葉と教育の考え方が入ってきました。その後平成に入り、わが国でも「生涯学習ブーム」が起こったのです。文部省の「社会教育局」は、「生涯学習局」に代わり、筆頭局になりました。都道府県や市町村の「社会教育課」もすべて「生涯学習課」と名称変更されるほどでした。一九八九（平成元）年に千葉県の幕張メッセで、当時の文部省による第一回全国生涯学習フェスティバル「学びピア千葉」が開催され、その後は順繰りに各都道府県で開催されることが決定され、生涯学習ブームが走り出しました。そして、各都道府県及び市町村でも独自に生涯学習政策を推進していくことになり、「生涯学習審議会」等の政策を検討するための委員会を設置しました。

この生涯学習の考え方は、まさにそれまでの教育及び学習に関する考え方を大きく変えるものでした。例えば、学習とは生涯にわたって行うものであり、幼児期に始まり各年齢段階で必要なことを学ぶことの大切さ、生涯にわたって継続して学ぶことの大切さを私たちに教えました。自分にとって必要なことを学ぶことによって、私たちはより豊かな日常生活を過ごすことができることを知ったのです。

生涯学習の概念が、わが国に普及する前までは、学習はとりわけ学齢期（学校に行く時期）に行えばよいといった考えが多くを占めていました。そこで文部省の中央教育審議会は、一九八一（昭和五六）年の「生涯教育について」という答申の中で、「今日、変化の激しい社会にあって、人々は、自己の充実・啓発や生活の向上のため、適切かつ豊かな学習の機会を求めている。これらの学習は各人が自発的意思に基づいて行うことを基本とするものであり、必要に応じ、自己に適した手段・方法はこれを自ら選んで、生涯を通じて行うものである。その意味では生涯学習と呼ぶのがふさわしい。」と述べ、ここで初めて、公式に「生涯学習」という言葉が使われたといわれています。教育機能の領域・形態の面から、家庭の持つ教育機能をはじめ、学校教育・社会教育・企業内教育、さらに民間の行う種々の教育・文化事業に至るあらゆる教育機能を、生涯学習の推進の観点から総合的にとらえなおすことになったのです。換言すれば、まさに学びは、学齢期だけのモノではなく、生涯のモノであり、臨時教育審議会が明言したように、「学びは人間が誕生し朽ちるまでの一生涯の直線」で示すことができる人間の行いであり、これを「生涯学習体系への移行」と言うことができるのです。

こうして生涯学習ブームが、人々の学びや学びに対する認識を変えることになり、文部省は学びを「いつでも、どこでも、だれでも」というキャッチフレーズとともに、全国で生涯学習の推進を支援しました。私たち誰もが、学びたいことに「いつでも」取り組めるような学習環境が、生涯学習社会には求められます。また、生涯学習の考え方に従えば、幼児期の遊びや子育ても、高齢者のゲートボールのようなスポーツも学習であり、「どこでも」できるような環境の準備が必要です。そして、どんな学習内容でも、高齢者も主婦も、「だれでも」が様々な学習に取り組み、学びを楽しむことができるというのが生涯学習社会でなければなりません。

その後、生涯学習を全国に広めるきっかけとなった「全国生涯学習フェスティバル」が、毎年自治体を変えて、盛大に開催されました。従って、一九九二（平成四）年に出版した家庭教育の著書『いま家庭教育を考える』は、この時代を象徴するように、生涯学習時代の家庭教育を中心に書いています。同書の「あとがき」は、「生涯教育または生涯学習という言葉を、最近頻繁に耳にするようになりました」という一文で始まっています。そして、「生涯学習は、学校教育、社会教育、家庭教育の三つを柱とし、その他すべての学習機会を包含するものとして出現してきました。つまり、生涯学習という傘の下で、それまで学校教育は学校だけの役割、社会教育は家庭や学校以外の問題というように分けて考えられがちであったものを、結びつけて考えるようになったのです。これにより、それぞれの教育の領域の理念や方法に、新しいものが出現してきたのです」と続きます。ですから同書は、「子どもから高齢者まで、生涯善く生きるために、共に学びあうという生涯学習の根本理念を支えようとする新しい考え方」を強調しようとしています。

それから約三十年が経過し、「平成から令和の時代」に代わりました。しかし、けっして生涯学習という考え方や生涯学習という政策がなくなったわけではありません。「人生一〇〇年の時代」、「ＡＩ（人工知能）の時代」、そして「ＩＴの時代とＳＮＳ」といった新しい言葉が象徴するように、科学技術の急速な発展により、私たちの生活に新たな機器が導入され、私たちの生活の仕方だけでなく、私たちの家庭の在り方に対する考え方も大きく変化しました。こうした生活の変化にともない、生涯及び生涯学習に対する考え方も、家庭や家族についての見方も変化してきました。それゆえに、生涯学習についての考え方も家庭や家族についての変化を考慮に入れつつ、この三十年を振り返ると同時に、家庭教育の在り方を振り返る必要があると思うのです。

5

目次

第一章　家庭教育を振り返る

一　生涯学習と家庭教育

かつての家庭での教育は、いわゆるしつけ教育、親の教えに子どもを従わせるというものでした。親は、子どもが親と同じように行動ができ、社会でも問題なく生活をしていけるかを教えることが、家庭教育の仕事だと思っていたのかもしれません。近所に他人に迷惑をかける子どもがいると、「あの家は子どもをしっかり教育をしていない」などと言ったりもしました。しつけ教育を中心に、お互いの家の教育の仕方を見ていた時代です。従って近隣の人が、親代わりに叱ったりした懐かしい時代でもありました。

しかしこうした時代を経て平成の時代に入って、新たな街（ニュータウン）ができ、バブル時代とその崩壊、そしてリーマンショック、阪神淡路大震災や東日本大震災といった、様々な経済問題や自然災害もありましたが、総じて豊かな時代であったと感じている人は多いと思います。この豊かな時代は、コンピュータなど様々な科学技術の発展の中で、家庭生活にも様々な影響を与え、私たちの生活はさらに変化を続けてきました。テレビは、一家に一台というよりも、一人に一台になり、海外旅行も容易になりグローバル化という言葉を私たちは普通に使うようになりました。また、休みの日のレジャーは当たり前になり、ゴールデンウィークや連休の時の家族でのレジャーは、何か家族を繋ぐ手段のように思われ、家族の絆を作り出す機会と勘違いされるようになってきたように思います。

この時期から、それまでの家族そして家庭における子どもの在り方は、社会の子どもに対する認識や家庭での子どもに関する認識の変化とともに変わってきたのです。かつて家庭は、誰にとっても生活の中心にあり、核になっていたはずです。子どもにとっては、自分を見守ってくれる祖父母や両親がおり、寂しい時、苦しいことがあった時には、何も言葉を交わさなくても、心が癒されるのが家庭でした。必要な時には、親に苦しいことを打ち明け、慰められ、勇気づけられるという救いの場でもありました。こうした家庭の在り方を、ドイツの教育哲学者O・F・ボルノーは、「被包感（安らぎ）」のある所といい、子どもが健全に成長するうえで大切な場所であると指摘しています。加えて家庭には、ほぼ同世代の仲間である兄弟姉妹もおり、楽しみを共有したり、助け合ったりできる関係がありました。こうした家庭においては、親が家庭教育の中心的存在であり、教え、叱り、そして褒めながら教育するというように、様々な形で親は子どもの教育にかかわることを考えていました。子どもたちにとっては、日々の生活が成長への学びでした。このように家庭は、親にとっても生活の中心であり、わが子をしつけ・教育し、育て上げることと、安定した家庭を守ることが、親としての二つの大きな仕事であり、責任でした。親は、こうした責任を果たして、自己の家庭での幸福感を得ることができたのです。

しかし、しつける・教育するという責任を過大に考えたり、親の期待したしつけや教育の成果が見えないと思ったときは、よりきつい厳しいしつけや教育をしようとする親も少なくありません。つまり、そのような親にとっては、自分の理想とする子ども像があり、自分の思い描く善い子があり、その方向に教育することが当然だと信じてしまうのです。この場合、その時の社会において理想的な子どもを育てたい、成績のよい子にしたいという思いから、時には力づくでも子どもに勉強させたり、しつけたりするが、時にはなだめすかし、アメを与えるといったような、極端な方法を試みる親がいます。しかし、このような方法が成功し、子どもが家庭に安らぎを感じるようになったという例はないようです。むしろ、子どもは、厳しい親なのか、それともアメをくれる親なのか、どちらの親を信じればよいのかという不信感を持つことになります。結果として、親と子が対立する、相互不信感が芽生えるといった状況が発生することになるのです。

そして、ある時期から家庭の教育が、別な視点から大切であるとされ、家庭教育が見直されるようになりました。それはわが国が生涯学習の時代に入った時からです。生涯学習がわが国で普及する以前から公民館や民間のカルチャーセンター等の場所で、趣味を楽しむことや仲間と交流する人たちがいました。生涯学習の普及は、前述のように「いつでも、どこでも、だれでも」という標語で始まったように、いかなる人たちの学び、あらゆる種類の学びが可能であるという考えを社会に広め、幼児期から高齢者までの学びの機会を提供し、学び合いを楽しむことができるようになったのです。こうした学びの中には、親向けの家庭教育教室も開かれ、親子が楽しく学びあい、楽しい家庭を作ろうという思いを持たせるきっかけとなりました。

しかし一方で、大学進学率が上昇し、より有名な大学への進学を望む傾向が強まり、そのために中学受験も増えた時期でもありました。親が、自分が達成できなかった夢を子どもに託し、子どもに勉強そして塾を押し付けることも多くなった時期であったと思います。家庭が経済的に豊かになり、高い学費も払えるようになったのです。ただ、生涯学習の機会も増加し、生涯学習を楽しむ大人も増え、そして家庭教育にも、それまでとは異なった視点と状況を作り出したことも確実です。社会的には少子高齢化や核家族化が進んでいましたが、親も学習者としての目線を持つようになったのです。

つまり、家庭教育の特徴であった親の、勉強は子どもがするもの、つまり「親が子どもをしつける、親がやらせる」という考え方から、親も同じ学習者としての目線で考えられるようになりました。これは、生涯学習という考え方が生み出した一つの所産であり、生涯学習が生み出した親子間の心の余裕でもあるような気がするのです。「こうしなさい」、「勉強しなさい」というだけの親ではなく、「お父さんもやってみようかな」、「お母さんはこんなことを習ってみたいな」という、同じ学習者、共に学ぶ存在としての親の目線でのしつけや教育の大切さが認められるようになったのです。子どもたちは、親の「一緒にやろう」という言葉に動機づけられ、それまでとは異なった気持ちで親と接することができるようにもなりました。新しい家庭教育の出現であり、新しい親子関係の在り方が現れた時でした。

しかしながら、この三十年の間の私たちの社会における変化は、ＩＴ技術の急激な進歩、突然の自然災害、経済問題など、あまりにも多様で急速なものでした。そして、それらの多様で激しい変化は、私たちに予想しない事態に対応する新たな能力の獲得、そして新たな行動パターンや生活様式への転換を求めてきました。それは家庭教育においても同様です。家庭にも携帯電話やパソコンが持ち込まれ、多様な情報の獲得やコミュニケーションツールとしてだけでなく、こうした機器によって食事の注文やショッピング、テレビや映画やライブの鑑賞、そして読書やオンライン学習など、家族それぞれが個別の機器で、個別に時間を楽しむことや個別に買い物を楽しむことが可能になっています。

こうしたことは、平成時代の初めには想像もつかないことでした。人間の関係においても、様々な形の個別化が進んでおり、例えば携帯電話での連絡が普通になっています。結果として、親は親、子どもは子どもで個別の世界を楽しむようになり、家庭の中でもそれぞれが別の世界を維持し生活することに満足を感じています。当然親子の間でも、連絡が取れない時があり、携帯電話等により家族のそれぞれが個別の世界を持ちながら、一つの家族を形成しているという、これまでにない家族の在り方が進行しているのです。

これまでは、家族の絆の大切さ、家族の学び合いの必要性を、新たな家庭そして家庭教育の在り方として提案し、生涯学習社会の家庭とその教育として強調されてきました。しかし、個別化の進む家庭の中で、新たに求められている家庭教育の在り方や方法とはどういうものか、過去を振り返りながら、新たに発現した家庭の状況を、冷静に見つめ、分析をしながら、これからの家庭教育の在り方を考え直してみる必要が出てきたのです。家庭教育の「再考」への要求です。つまり、個別化を基盤とした家族のための家庭教育に見られる様々な変化や課題、それらへの対応についても考えなければならなくなったのです。

二　子どもと家庭への新しい視点

平成の三十年の比較的豊かな時代が過ぎ、子どもたちの生活習慣や家庭内外での人間関係、そして行動様式や家庭・家族への視点も、社会事情の多様な変化とともに変わってきています。まさに新しい社会における子どもたちとその行動や考え方、また新しい家庭と家庭での人間関係が出現し、その特徴が様々な言葉で表現されています。それらの中で特に子どもたちに求められている課題を取り上げてみると、次のようなことが上げられます。

例えば第一に、最近の子どもたちは協調性がないといわれるようになっています。かつて家庭においても人間関係を大切にすることを教えられ、兄弟姉妹との関係も重視した家族を目指すのが当たり前でした。しかし、家庭の生活が豊かになり、家族のそれぞれが個別の世界を持つことができ、楽しむことができるようになりました。つまり、家庭の中にあえて遊び相手を見つけなくてもよくなっているし、家庭外においても限られた友人とゲームを楽しむことで満足できるようになっています。従って、協調性があるか否かを気にするとか、協調性を問われることもあまりなくなったのです。

そして、努力に対する考え方も変わったといわれます。「しっかり頑張れ」とか「一緒にやろう」と親から様々な形で激励されることもなくなり、「自分でやるからいいよ」、「何かスマートなやり方を探したほうが良い」という考え方に代わってきました。従って、家庭では勉強するからパソコン用の勉強ツールを買ってほしいという意見が優先します。便利な勉強機器のほうが、お父さんに教わるよりは、気が楽でいいと子どもは思っているのです。実は、親も同様なのです。親も一人になりたいし、特定の友人とショッピングに行くなど家族とは個別に時間を過ごすのが楽しみになっているといわれます。子どもたちのためには、スマートな勉強機器があるし、オンラインを含めた様々な塾や家庭教師のシステムが、子どもたちの好みに応じて与えられるようになっています。社会的にも保育園、学童保育、そして認定こども園ができ、共働きを楽しむということさえ可能になっているのです。

しかし、子どもたちの生活には、ゆとりが喪失しているとも言われます。現在の子どもたちは、物質的な豊かさや便利さの中で生活する一方で、学校生活、塾や自宅での勉強にかなりの時間がとられ、睡眠時間が必ずしも十分でないなど、「ゆとり」のない生活を送っているというのです。そのためか、かなりの子どもたちが、休日や土曜日などはゆっくりとした休みの時間にあてています。また一方で、携帯電話やゲームに時間をかける割合が大きくなり、疑似体験や間接体験が多くなっており、生活体験・自然体験が著しく不足し、家族とかかわることも極端に減少しています。子どもたちの生活は、「自分で精神的な豊かさを作り出そうとする」のではなく、周囲の環境に振り回され、自分なりの豊かさによるゆとり感を持てずに、疲れやイライラを募らせているのです。

さらに指摘すれば、第二に現代の子どもたちは、あえて努力することを好まなくなっていると言われます。親が家庭教育において、もっとも大切なものの一つとして教えなければならないことは、「一生懸命努力して、目的を達成するのが大切である」ということです。しかし子どもたちは、「一生懸命努力するよりもスマートに目的を達成したい」とか、「ここまでが自分の限界だ」と、「スマート」や「限界」という言葉であきらめの基準を自分で作ってしまっている場合も多いのです。実は、親の生活感も同様で、「せめて他の家と同じ程度に」または「他より少しでも上を目指す」という考え方ではなく、「自分なりの個別の考え方で暮らす」、「無理はせずに楽しく生活する」というように、親が家庭教育で目指す基本的な目的と達成についての考え方も変化してきているといえます。

ところが、実際には「自立性の欠如」や「基礎的な生活能力の不足」など、まさに文部科学省がわが国の教育の目標としている「生きる力の育成」に相当する様々な能力の欠如が目立つようになっています。二〇〇九（平成二一）年に改正された学習指導要領には、「家庭をはじめとして、社会全体で、子どもたちの生きる力をはぐくんでいくことにご協力をお願いします」と明記しながら、「みなさんの家庭ではいかがですか？」という子どもたちの基本的な生活能力の育成に関する質問として、次のような問いを投げているのです。例えば、「おはよう、ただいま、おやすみ、の挨拶はしていますか」、「早寝早起きを心掛けていますか」、「子どもは、毎日朝食を食べていますか」、「子どもが手伝う家事の分担を決めていますか」、「テレビやゲームの時間にルールを決めていますか」、そして「子どもと一緒に地域の活動に参加したことがありますか」といった質問です。当然だという人もいるかもしれませんが、生きる力の基本となるこうしたことが、実は現在の家庭教育に欠けていることを文部科学省や学校は案じているということを示しているのです。

第二章　求められる新たな家庭像と家族の役割

社会が変化すれば、当然その社会が求めるものは異なってきます。家庭のあるべき姿や家族の役割に対する要求も同様であり、新たに求められる在り方や役割等を再考する必要が出てくることになります。

一　子どもにとっての家庭・家族

少なくとも平成の前半までは、生活の豊かさを感じつつ、家庭は親にとっても、子どもたちにとっても、被包感（安らぎ）に満ち溢れた、安心で、帰りたい場所の一つであったはずです。しかし、平成の三十年間の後半に入り、社会の変化とともに家庭の在り方も変化してきました。家庭は本当に安心で、帰りたい場所のままなのでしょうか。生活は便利になったが、反面あわただしいものになってきたことも否めません。あまりにも家族のそれぞれの生活が個別化し、連帯意識といったものが希薄になってきています。個別に楽しむことができる様々なＩＴ機器が身近に増加し、子どもたちは、新しいゲームに、何時間でも没頭しています。一人でなくても、家族以外の人と時間を共有し、楽しむことができるが、家族とは接しないで一日を過ごす子どもも増えているのです。子どもにとって大切な家族との接触の機会が、容易にゲームやユーチューブなどに奪われています。家族間の接触の頻度を取り戻し、安らぎを求めて帰りたい場所として家庭を取り戻すのには、どのような工夫が必要かを、真剣に考える必要があります。

また、核家族化や少子化の進展、単身赴任や仕事中心のライフスタイルに伴って発生した父親の存在感の希薄化、女性の社会進出が進行しているのにもかかわらず遅れている家庭と職業生活を両立させる条件（ワークライフ・バランス）の整備なども、家庭における大きな課題の一つになっています。これらに伴って、家庭教育に対する親の自覚が低下してきており、親の過保護や放任などから、家庭の教育力が低下していることが問題として指摘されています。家庭の教育力が低下していることが原因で子どもたちが持つ問題としては、「基本的な生活習慣が身についていないこと」であるといわれます。「甘やかしすぎの親の増加」と「しつけや教育に無関心な親の増加」は、子どもたちに誤った自由観や自立意識を学ばせてしまっているのです。そして、子どもも親もそれでよいと思っている場合が多いのです。

しかし現実には、その学んでいる「自由・自立」は、家族の中で子どもたちが、「誰にも気を使わない気楽な環境」、「干渉されないで何でもできる自由な関係」と錯覚していることに気づいていないのだと思うのです。その他にも家族間では、「自由と放任の勘違い」、「家族相互の無関心と不干渉の方が楽である」など、様々な誤った認識が家庭には潜んでいるのです。

家庭とは、子どもたちの側からすれば、「生み出され、育てられる」という極めて受け身的な、選択の余地の少ない場所であり、その意味で家族とは「運命的な集団」であり、家庭は、その運命的な人間の集団の運命的な共生の場所なのです。家庭は、その人間の集団が、一つ屋根に住み、接触しあい、思いやり、そして家族にしか感じられない被包感（安らぎ）を感じられるところなのです。こうした「家族という意識を強く持った人間の集団が作る家庭」、そして「こうした家庭が作る結びつきの強い家族集団」こそ、今の社会に求められている家庭・家族なのです。

二　親の役割と信頼

本来父親と母親の役割は分化しており、それぞれが子どもに対して責任ある存在であり、それだけに親の果たすべき役割に対する期待は高いのです。つまり、親のなすべきことの責任は重いが、親は尊敬に値する存在として認識されなければなりません。そして、子どもたちは、子どもたちなりに、親の信頼を獲得することに努力し、親への様々な期待を抱いているはずです。そして親は、子どもたちにとって絶対的であり、子どもたちは親の保護や支援なしには生きられないと思っているのです。それだけ子どもの親への期待や信頼は大きかったと言えます。

現代社会においても、家庭における親と子どもの関係、最初の最も身近な教育者である母親の存在は特に重視されているはずです。教育哲学者O・F・ボルノーも、「両親は、幼児にとって絶対的で、神のような存在なのです」[1]と言い、その親の絶対的な保護の下でこそ、子どもは安心して行動できると言っています。子どもたちの行動と親の保護には、このような密接な関係があり、「保護は親の役割として、極めて大切なもの」です。子どもの行動は、親の手元で、いつもそこにいる親の助けと力への信頼の中で行われていると言えるのです。この信頼こそが、大切です。親がいればこそ、親の信頼を感じ取れればこそ、子どもたちはより活発な行動ができるのです。もちろん時には、周囲の人に迷惑をかけて、親に叱られたりもしますが、これも親の信頼の元だから可能なのです。

時折この活発な行動を、過度な甘えや依存として叱り、黙ればそれでよくなったと勘違いをする親がいます。子どもたちにとっては、親の信頼を失うこと、親の信頼を失うことを恐れるがゆえに、おとなしくすればよいと感じたとしたならば、子どもたちにとっては極めて悲しいことです。この時に必要なことは、善いこと、悪いこと、善悪の判断をする力を養うこと、「親からの援助と励まし」です。信頼する親だからこそ、その温かな親の援助と励ましの効果は大きいのです。特に幼児期の子どもは、「母の世界に属するもの、母親によって掌握されているものは、子ども自身も好きなもの、善いものと感じるのに対して、母親が受け入れないものは、子ども自身も嫌いなものであり、警戒すべきものだと感じている」と言われます。

すなわち親の役割は、子どもたちに最大の保護者であると感じさせること、子どもたちの親への信頼にこたえる努力をすること、子どもたちの社会的なモデルとして行動すること、そして子どもたちが享受した自然性・のびのびとした生き方を重視し、束縛を避けることであると思います。

子どもの生来の自然な能力を大切にすることを主張する、フランスの思想家J・J・ルソーは、次のように言っています。

「あなた方親は、子どもが生まれるとすぐに子どもたちに逆らう。子どもたちが、親からもらう最初の贈り物は鎖であり、最初に体験するのは責苦である。子どもを自由にしておけば、絶えず監視していなければならないと思っている。しかし、縛っておけば泣き声などに気にせずに部屋の隅に放っておける。(2)」

ルソーは、親が自分の都合で子どもを束縛したり、自由な成長を邪魔することは、親の役割でも責任でもないと言っています。親の勝手な都合で、子どもの持つ自由で自然な成長、才能の開花を押さえつけてはいけないと言っているのです。

三　家族の役割を楽しむ

三十年ほど前（平成元年頃）には、「しつけや教育に無関心な親の増加」ということが指摘され、特に父親の問題が深刻にとらえられ「父親不在シンドローム」という言葉が使われたことがありました。この時は、家庭でのしつけや教育は、母親の役割と決めつけられていました。これはまさに、家族の役割が伝統的で、固定的に考えられ、実践されていた時代の象徴です。

ところが最近では、「家庭を重視する男性が増えている」と言われるようになり、今後、男性が子育てや教育などに参加して家庭生活を充実させ、家庭と仕事との両立を図るためには、企業や仕事中心のライフスタイルを変えるほうが良いと感じる人が増加していると言われます。現実にわが国では、特に二〇一五（平成二七）年以降、仕事の種類や時間はともかくとして、父親と母親が何らかの形で仕事を持っている家庭の割合は全体の六割から七割になっています。世代別共働き家庭では、三十代から五十代夫婦が最も多く、そのほとんどが子育て世代の家庭であることは間違いありません。そして、女性が働くようになった理由は様々ですが、経済的な理由と生きがいとして仕事を持ちたいという理由が最も多いようです。子どもの学費を払いながらも、ゆとりある生活を望むのも当然です。このような家庭内の変化は、当然親の役割分担にも変化をもたらしています。ただし、もともと母親と父親の役割が固定的に決まっていたわけではありません。サラリーマンの家庭、自営業の家庭など、それぞれの主たる職業によって異なり、父親が働き、母親が食事を作り子どもの世話をするといった形に当てはまるものではないのが現実です。そうした役割意識が、共働き夫婦の増加等によって、また核家族化や二世代家族の増加によって変わってきてよいはずです。

ところが、総務省の「平成二三年社会生活基本調査」の「男女別家事関連の推移」によれば、わが国の共働き家庭においては、女性の家事関連の負担がいまだに圧倒的に大きく、平等な分担というよりも、女性の働く時間が家事プラス仕事という形で増加していると指摘されています。意識と現実は異なるようです。このような古い考えに基づいた偏った役割観は、様々な問題を生み出す可能性があります。一般に言われる四つの親の役割には、「保護する役割」、「援助し励ます役割」、「行動モデルとしての役割」そして「社会的存在としての役割」があります。ただし、これらは父親も母親も、両方がそれぞれの立場から担わなければならない役割です。ただ、母親に負担が偏る在り方では、役割分担のアンバランスを作り出し、十分に役割を果たすことができなくなります。そのうえ、負担の偏りから、母親と父親が良い関係を築けないということがあれば、実に不幸です。この様子を日々の生活で体験する子どもたちにとっても不幸ですし、誤った役割の認識が子どもの中に残ってしまいます。

ただ、親として、もう一つ大切な役割を担う必要があります。それは、「共に善く生きる役割」というものです。親も社会に生きる一人の人間として、共に成長する存在です。しかし同時に、善く生きようとする子どもたちに対して、善い方向に向かうように援助をしたり、行動モデルとしての自分を見せなければなりません。子どもたちは、常に親がどのように行動するのかを見ているし、社会の一人としてどうふるまうのかを見ています。当然、親も、子どもと同様に善く生きようとしていますが、行動モデルとして完全な人間ではありません。完全な社会人としての自分を子どもに示すことは、簡単なことではないのです。ゆえに、子どもに教え込む、押し付けるのではなく、子どもと共に善く生きようとする存在として、学び合うという役割が大切です。イタリアの教育者マリア・モンテッソーリは、「教育は子どもの潜在能力を引き出すことであり、大人はそれを援助しなければならない」と言いながら、「子どもたちを援助している過程において、親側が子どもたちに教えられることもたくさんあり、それが本当の相互教育、すなわち「学び合い」を生んでいる」(3)と言っています。「子との学び合い」つまり「共に善くなろうとする努力」も親の役割なのです。

さて、親側からの役割について述べてきましたが、子どもたちも日々の生活の中で役割分担とそれを果たす責任を学ばなければなりません。共働き家庭の増加は、そうした学びの機会をさらに多く持てるようにしています。家族は大切な人間の集合体であり、子どもたちも含めて、お互いに役割を担い、助け合いながら生きることの大切さは誰もが理解しているはずです。ただ、親が子どもたちに役割分担の大切さを教えるときに気を付けなければならないのは、「役割を楽しむ心を持つ」ということです。ある母親は、「これをしてね」と頼みながら、すぐにできないと「何で言っていることが理解できないの」と言ったりします。子どもは、「僕は子どもだよ。一回言われてもわからないこともあるよ」と言いたくなります。ある母親は、「これをこんな形にしてね」と頼みながら、「下手ね、どうしてこんな簡単なことができないの」と言います。当然子どもは、「たまには褒めてくれよ」と思うに違いありません。そして、父親は、何かを壊すと「そっと運べと言っただろ」と怒鳴る。何事をしても、失敗は誰にでもあるというのが前提です。子どもに役割を任せるときは、「褒める」、「子どもだということを理解する」、そして「失敗は誰でもする」という認識が極めて大切なことであり、役割を楽しみあうということが重要です。

（注）

（1）　O・F・ボルノー著、森昭・岡田渥美訳『教育を支えるもの』黎明書房、一九六九年。
（2）　J・J・ルソー著、樋口謹一訳『エミール 上』白水社、一九八六年、二一頁。
（3）　西本順次郎編著『モンテッソーリ幼児教育入門』福村出版、一九七五年、一五頁。

第三章　学びのある家庭

子どもたちは、生まれ育つ家庭において、最初の大切な教育を、特に母親から受けます。家庭での教育は、学校とは異なり、学ぶことがカリキュラム化されたり、時間割として決まった時間に何を学ぶかを決めてあるわけではありません。生活する中で、私たちの暮らしには日々様々なことが起こりますが、その起こった様々なことが学びの題材であり教材であると言えるのです。ところが、最近では小学生や中学生で朝食を食べない子どもが増加しているというのです。「おはよう、今日は運動会の練習？」というように、その日の予定の情報交換など、一日の始まりへの期待を話し合うのも学びです。また「テレビやビデオ・ＤＶＤを一日三時間以上みている」という子どもが半数以上いると言われます。これでは、学びの機会にはなっていないし、むしろ子どもに学びの時間の不足を作り出し、家庭で学ぶことの意義を感じさせることはできません。

一　生活が陶冶する

スイスの教育者ペスタロッチーは、「生活が陶冶する」(1)と言い、家庭における学びの在り方の重要性を強調しています。「陶冶」とは、陶器の作成をイメージするように、親が大事に粘土をこね、よりよく生きるように願いながら子どもを形作るように育てようとすることから名づけられました。加えて家庭での学びは、親だけでなく兄弟姉妹をモデルにして学ぶことも多く、学ぶことの大切さ、学ぶ楽しさや学ぶ意欲、助け合う心と信頼の感情など、人間として必要な基本的な考え方や人間関係の在り方を学ぶ場でもあります。

ところが最近は、しつけは保育園や幼稚園、勉強は学校や塾、そして健康はスポーツクラブに任せるといったように、家庭ですべき教育を他に任せるという家庭も少なくないようです。家庭では、娯楽やレジャーをみんなで一緒に楽しむのが、親の主な役割であると勘違いしている人もいます。ゆえに、学業成績が下がれば学校や塾のせいにしてしまうということになります。加えて、最近の子どもたちの行動や遊び方が悪いのは、子どもたちの遊びの画一化や社会の在り方が問題だと嘆く親が多いのです。しかし、わが子を教育するのは親自身ですし、日々の家庭での生活が子どもを育てるのです。

家庭において陶冶（教育）する部分とは、むしろ学校での勉強や普段の生活を支える基本的な能力を身に着けさせることです。そして、家庭でより良く学ぶためには、家庭の中に、学ぶための環境、すなわち安らぎの環境が必要です。子どもたちは、家庭において、朝の挨拶などの生活習慣を学び始め、親や兄弟姉妹とのコミュニケーションや遊びなどの体験的な学びを経験し、周囲の人々の言動から道徳的なことや価値観等について学びます。親の側からすれば、生活を通してしつけることもありますが、子どもの持っている素質や能力をいかに伸ばし、その成長をいかに援助するかが重要です。

従って、わが家としての教えを通して、どのように生活と結び付け教育するかが課題です。例えば、親が計画的に生活する家庭では、子どもたちも自然に計画的に一日を送ることを学びます。そのような計画的な家庭では、朝父親が出かけるときに「今日は会議があるから帰りが七時になるよ」というふうに、必ず予定をいって出かけるとします。こうした家では、お母さんも、子どもたちも、お互いに予定を知らせ合うことによって、何か突発的なことがあっても、互いに所在が分かるので、知らせ合うことができます。しかし、家族同士が、「お母さんは遅いな、今日は何時になる」とか、子どもに対して「あいつはどこに出かけているんだ」といった言葉には、教育的な意味がないと思います。日々安心して暮らす、まさに生活の中で学び合うことができる家庭の一例です。

つまり家庭では、子どもたちの中にある善く成長しようとする基本的な精神と行動する力を、いかに調和的に大きく伸ばすかが求められます。そして、このような基本的な力を得るには、母の存在が大切です。母親は、生活における教育の、大切な教師なのです。母親は、膝の上に子どもを抱きながら語る様々な愛、感謝または信頼の感情を子どもたちに持たせるために、教え・育てることへの配慮と気遣いが大切です。そうした気遣いや配慮が、教育する母親にあるからこそ、家庭の様々な学びの体験の中で、本来備わっているいい子になろう、お母さんに喜んでもらおうといった善さに向かおうとする心の力を発展させることができるのです。この時に、母親の配慮や気遣いを感じられるような教育を受けている子どもこそ、それが愛や感謝、信頼の感情と結びつき、家庭での学びの中で頑張ろう、しっかりやろうとする心の力が強くなり、活気づき、大きくなるのです。ペスタロッチーは、このことを次のように言っています。

「人間の能力、つまり万人に備わる善さへの意欲（道徳力）、知力（精神力）、能力（技術力）は、それを使用する単純な方法によってのみ発展するのであり、従って、その能力を言葉や観念の外からの押し付けや注入によってではなく、もっぱら子どもの最も身近である生活において、子ども自身がまず直感を生かして活動することによってのみ発展させることができるのです。そして具体的には、その直感による学びが、子どもたちの生活の中で、まず母の胸、そして居間、さらに家庭から始まって、不断に生活の中で広がるのです。(2)」

つまりペスタロッチーは、このような家庭での学びを「居間の教育」と表現しますが、子どもたちの日常の生活の中で、子どもたちが生まれながらに持っている心の力や行動する力を、いかに生活の中の活動を通して引き出してやり、さらに大きく有効な力にするためには、日常生活での支援と気遣いが必要であるというのです。子どもにとっては、家庭でのすべての生活が学びであり、成長の機会なのです。学校のように意図的な学びは、窮屈さを感じさせてしまいます。注意されたり、褒められたりすることは当然の生活の中の出来事ですが、強要したり義務づけたりすることは、楽しい学びは作り出さないのです。

二　学びを大切にする家庭

「学びを大切にする家庭」と言っても、「勉強をしなさい」とうるさく言う家庭や「偏差値の高い学校に行くのよ」とばかり言っている家庭ではありません。「子どもの成長を理解し、それと合わせた学びの機会と内容を大切にする家庭」、また「善い学びとはどんな時にできるのかということを理解しようと努力する家庭」、そして「子どもたちの好奇心を大切にする家庭」などをいうのです。

例えば、幼少期の子どもたちが、「難しくてわからない」とか「これは面白いね」と言います。こういう時に幼少期の子どもの成長の過程をよく理解すること、その子の難しさの分類基準を考えてあげることが大切です。幼少期の子どもにとって、ある新しい知識を自分のものとして獲得するのは大変なことです。親の側は、意外に簡単に思っていることが多いのですが、やはり説得力のある、その子にとって理解可能な説明をすべきです。難しく言えば、幼少期の子どもを教えるときには学習課程の順序だてを考えて、相手にしている子どもの成長過程にとって妥当な挑戦であるべきなのです。子どもの受容可能な、理解可能な基準の原理のようなものをあらかじめ考えてみてはどうかと思います。せっかくの子どもの新たな知識や技術への理解や習得の挑戦を成功させる喜びを、親も一緒に味わう方法です。そして、共に分かったことを喜び合うことです。

また、「善い学びとはどんなときにできるのかということを理解しようと努力する家庭」があります。子どもが、「これよくわからないんだけど」などと親に聞いたときに、「いいよ、難しいことは後回しにして、わかることをやりなさい」などと簡単に言ってしまう時があります。ただし、「難しいことは後回し」と言いたがる親は、あまり学びを大切にしない親の口癖のように思います。「難しいことは後回し」という考え方は、学びにおいては何の解決の糸口にもならないのです。これだと、やはり易しいことからやりましょうということになります。学ぶことを大切にしようと努力するとはそうではなく、「必要なことを先に学ぶという考え方」です。そして次の段階では、学ぶことを理解するためには、その前に何を理解しておくのかを子どもに教える努力も必要です。これが善い学び方を子どもに教え、理解させることにつながるのです。学びの題材の配列を考えてあげることも重要です。

このことについてペスタロッチーは、「学びは、もっとも単純な要素から出発し、そこから児童の発達に応じて、順序良く行われなければならない。最初は、感覚と直感を使った学びに始まり、次第に表象を通って明確に概念として理解するという過程を大切にすべきだ」(3)と表現しています。

さらに、「子どもたちの好奇心を大切にする家庭」があります。イギリスの思想家ジョン・ロックは『教育論』という著書の中で、「子どもの好奇心は、知識への欲求に他ならない。自然が生まれながらの無知を取り除くために与えてくれた偉大な手段として奨励されなければならない。そして、好奇心を奨励し且つ活発旺盛にしておく方法」[4]は何かと問いかけています。親は、忙しかったり、質問の答えがわからなかったりすると、実に簡単に「何、その質問は」と笑ったり、「後にしなさい」とその場では反応してくれないことがよくあります。そのような親ほど、子どもの成績を気にするようなことが多いのです。

ジョン・ロックは続けます。「子どもの好奇心を活発にし、旺盛にするためには、子どもがどんな質問をしても、止めたり嫌な顔をせずに、また一笑に付したりせずに、すべての質問に答えるように努力し、子どもの年齢と程度に応じて、できるだけわかりやすく、知りたがっていることを説明してやるべきだ。[5]」この「好奇心を大切にする家庭」は、まさに「学びの機会と内容を考える家庭、善い学びを与えることに努力する家庭」と合わせ、「学びを大切にする家庭」の三要素と言えるのです。

三　学びを楽しむ家族（親子共学の思想）

家庭教育は、家庭によっても異なりますが、親の学歴が高くなり、しつけ教育だけではなく、学校での学習内容を支援するような部分を含めて、考えられるようになってきました。学びへの好奇心を育てるようなこと、また携帯電話やパソコンなどによって変化した家族の対話に関する教育など、学校では行わないが、社会生活にとって不可欠なことに関する教えも家庭教育に入ります。そして、家庭での教育の方法や内容も、社会の変化とともに変わってきています。

(一)「共に学ぶ」との違い

家庭によっては、厳しい「しつけ教育」を良いこととし、大人の価値観の押し付け的な教育をする家庭があります。こうした家庭の親は、怒鳴ったりもするし、叩いたりもしますから、常に親に対して恐怖感を持ちながら暮らす子どもも多く、親の顔色をみながら親に話しかけるようなこともあります。そして、成長した子どもは、怒鳴られないような方法を探し出し、うまくずるく振舞うようにもなります。

これに対して、けっして叱らない、失敗をしても注意もしない家庭もあります。また、欲しがるものは何でも与えるといった家庭もあります。こうした家庭の子どもは、失敗することを知らないし、同時に何が良いかも分からないで育つことも多いのではないかと思います。成功から学ぶことも多くありますが、親が失敗した理由を説明してあげることで、失敗から学ぶということも可能であり、大切です。

さて、こうした親子の上下関係が中心であった過去の家庭教育の在り方を経て、親が家庭での子どもの教育にも熱心に取り組むようになり、様々な家庭教育書も出版されるようになりました。しかし、この背景には、良いことばかりではなく、家庭の教育力の低下が指摘されるようになり、その影響によると思われる、家庭内のコミュニケーション不足、子どもたちのゲーム依存症、引きこもり等々の問題が発現してきたのです。そこで、悪いと言われるものは避けて、家庭教育を強化しようという考えが広まりました。

ゲームのような悪いものは取り上げ、親から見た善い家庭環境を作り、勉強に専念させたいという親の気持ちの現れです。子どもの顔を見ると、「勉強したのか、宿題は終わったのか」、「塾は何時からだ」というのが口癖のようになり、親側からの目線、すなわち上から目線で子どもに良い環境を与えなければと考えるのが常になってしまうのです。こうなってくると親の「勉強させなくては」、「教えてやろう」、「学びやすい環境を作ってやろう」といった気持ちが、さらに強くなりがちです。そのために、「お母さんもやるから一緒にやろう」、「お母さんは、今度こんな風にしようと思うんだけど、一緒にやらない」と言った問いは、子どもにとってはお母さんからの問いであり、子ども自身の問いでは全くないことが多いのです。また、「お母さんはもう何も言わないから、自分の思う方法でやってね」という場合がありますが、これも親側からの問いであり、結局は子どもに何とかしてやらせようという意図に満ちたものです。これらを、子どもと「共に学ぶ」方法だという人がいます。

共に学ぶということは、「子どもたちに寄り添いながら、一緒に目標を作り、それを共有し、親子でその達成を目指す」、「ある時は一緒に目的達成に努力し、二人で達成したことを喜ぶ」ということだという人がいます。「共に学ぶ」とは、何らかの目標を共有して、直接的または間接的に子どもの目標の達成を支援し、子どもと親との二人の達成感を味わうものなのでしょうか。逆に、子どもの目標や達成したいことを理解し、何もしないで、ただ黙って応援することが「共に学ぶ」ということなのでしょうか。子どもの目標を理解するのは当然ですが、必要に応じて、それぞれの家庭に合った形で応援・支援することは当然であり、親が子どもの話を積極的に聞いてやるといった、対話に対する気遣いも必要だと思います。ただ、「親も一緒にやるから、頑張ろう」とか「応援するから、一生懸命やりなさい、目標は必ず達成できる」と自分の経験談を話すことが、例えば「共に学ぶ」だとすると、どうしても親からの押し付けやプレッシャーを感じざるを得ません。また「子どもが勉強しているときには、テレビはもちろん可能な限り家庭内は静かな環境にする。」そうすれば子どもは家庭内の雰囲気を感じ取り、頑張るというのです。どのような家屋の環境かにもよりますが、最近は受験生のほとんどが自分の部屋を持っています。ゆえに、家族として最低限のマナーとして、勉強している子どもに必要な環境を与えてやることは、家族の思いやりですが、あえて家族みんなで我慢をして、静かな環境を保つということには、矛盾を感じます。このような時には、みんなで話し合うとか、自然な気遣いが働く家庭づくりが必要だと思います。

このように「共に学ぶ」という提案には、まだ少し上からの親の目線があり、「一緒に頑張ろう」というような親側からの期待が含まれた、多少押し付け的な面を感じるのです。言い換えれば、それは親からの協調性または協働性の要求であり、それに応えることで親の期待する善さ、善い子への方向に向かう自分を子どもが示さなければならないと感じているように思えます。

(二) 親子共学の特徴と本質

そこで「共に学ぶ」に対して、「親子共学」という考え方があります。生涯学習の時代に出現した「親と子が共に学ぶ」では、「一緒にやろう」とか「同じことをしなさい」といった、ちょっと親側からの押し付け的な考え方への偏りが多少ありました。つまり、「共に学ぶ概念」では、同質性・同一性的な行動や方法を求めますので、「一緒に」、「同じこと」または「同一の方法」といった言葉のイメージを感じます。「親が家庭内での学習の時間を決め、一緒の時間に読書をすることで、本を読むのは大切だ、読書を好きになろう」と、幼少のころに家庭内読書の時間を作って読書を楽しむことを教えようとする家庭がありました。または、「親も兄弟も、みんなで学習の時間を楽しむ時間を設定し、計画的な生活とその中での学習の時間の大切さを学ぶ機会を持つようにする家族も良い」とされました。つまり、家族の中で、学ぶ時間を共有する大切さの意識を育てようとしたのです。

しかし、「親子共学」の核となる考えは、これとは異なり親と子であっても、それぞれの「主体的な学びの大切さ」、「個別的に自由な学びの環境の重視」など、親と子の学びに対する意識の問題です。言い換えれば、親と子の「学ぶことの大切さの意識の共有」です。人間は、親子であっても個性を持ち、個別的な存在ですから、誰もがすべきことでも、方法や結果には少しずつ違いがあります。ですから、皆に同じことを求めませんが、親子共学では、人間相互の違いを理解し合い、相違と同時に主体的に取り組んでいるかどうかを重視します。親は、子どもの達成度よりも、主体的な取り組みができているかどうかを見てあげることが必要です。子どもがあることに一生懸命取り組んだが、親の期待よりも達成度が低くても、他の子どもとは異なった達成度でも、自分なりにまた親が見ても可能な限り頑張って成し遂げた成果に満足できれば良いのです。そして、親は、子どもがしなければならないことを理解し、子どもが成し遂げた成果を共に喜び、その成果を共に学び合うことが肝心です。

日常の様々な場面でも、個々人にとって必要なことが異なるものが多くあり、目標に到達する方法も異なります。しかし、ある親は、学校的教育にこだわり、教科書でこうだと決まった方法でやらないと、「それは正しい方法ではない」と叱ることがあります。しかし、子どもが自分なりに「こうすれば解けるのではないか、こうしたら別な方法でできるのではないか」といった、子どもの主体的な挑戦、取り組みを大切にして、その子の個性、個別性を理解してやることが必要です。そして、その子がしようとしていることをよく理解し、その子に必要な個別な学習環境を与えるべきだと思います。どの子どもにも同じ方法を与え、同じレベルを期待する「平等」や「同等」という教育にありがちな価値観ばかりではなく、自分にとって好きな方法で、自分に達成可能なレベルの目標を目指すことを重視する「公正」（誰もが納得し、正しいと思う）の考えに基づき、子どもの学びを理解し、共に学びその成果を楽しみ喜ぶのが「親子共学」の一つの大切な側面です。子どもたちは、様々なところで様々な学びをしていますし、しなければなりません。良いこと、悪いこと、親には想像できないこと、想像できない素晴らしいことも学んでいます。子どもは、親には思いつかない発見もします。親は、そんな時こそ、なぜそのような発見をしたのかを子どもに聞き、子どもたちの成長から学び、そんなときの会話が、もう一つの「親子共学」の側面です。また、子どもが悪いことをしたと思ったときは、すぐに怒鳴らず、なぜそのことが問題なのかを話す余裕を持つことも大切です。子どもが、親に問われながら考えるとき、親もそこで学び、適切なアドバイスができるようにすることが求められます。子どもを叱るべき時は、日常的にありますが、この時も親にとって学びの時であり、「親子共学」の時です。親子共学の最大の特徴は、「親が学べば、子どもも学ぶ」ではなく、「子どもが学べば、親も学ぶことができ、子どもが成長すれば、親も成長できる」ということです。

（注）

（1）ペスタロッチー著、長田新訳「白鳥の歌」『ペスタロッチー全集第十二巻』平凡社、一九五九年、四〇頁。
（2）村井実著『今ペスタロッチーを読む』玉川大学出版部、一九九〇年、一二六頁。
（3）ペスタロッチー著、長田新訳「ゲルトルートはいかにしてその子を教うるか」『ペスタロッチー全集第八巻』平凡社、一九六〇年、五頁。
（4）ジョン・ロック著、梅崎光生訳『教育論』明治図書出版、一九六〇年、一四五頁。
（5）同書。

第四章　対話のある家庭

対話は、家庭の日々の生活にとって極めて重要であり、対話なしに子どもをしつけたり、教育したりすることはできないし、家族内の学び合いも十分になしえないということは、誰もが感じることです。また、子どもたちは、日々の生活において様々な疑問や悩みを持ちながら過ごしています。そのような時には、親からアドバイスをもらったり、親に悩みを聞いてもらったりすることで、親から学び、問題を解決し成長します。しかし、わが国では、家庭における対話の希薄化が、大きな問題の一つになっています。最近では、対話ではなくコミュニケーションの欠如といわれます。しかし、いずれにしろ家族間の対話の減少は、家庭崩壊や家族間の軋轢の増加を作り出す大きな要因になっています。対話の欠如には、最近の日本人のライフスタイルの変化、携帯電話やパソコンなどＩＴ機器の普及、核家族化など、様々な社会的要因が見られます。もう一度人間の対話及び家族の対話について、見つめなおし、対話と家庭内の教育の在り方を考える必要があります。

一　対話とは何か

教育哲学者O・F・ボルノーは、一人だけが話をすること「独話語」と対比させて、「対話」というのは何人かの人が交互に会話にかかわる話し方だと言っています。ゆえに対話では、話し手が替わり、異なった人の発言により話が交互に進められるので、常にある人の話が他の人の話によって中断されたり、話の内容が変化したりする可能性があります。しかも、ある人の話は、別の人の話に賛成したり、反対したり、補足をしたり、または修正して関係しますが、いずれの場合にも、最初の話始めた人の話が中核となって進行していくのが対話だと言われています。(1)

従って対話とは、話の相手がいることが第一であり、その話の相手と交互に意見を交わす話し方であるのです。ゆえに、最初に話を持ち出した人の話が中心となるが、賛成か反対かなど、話の相手の意見によって様々な話のやり取りが発生します。例えば、子どもが学校から帰ってきて、学校であった出来事について、母親に話したときに、母親が「そんなことがあったの」とか「あなたはこうしたほうがいいと思うよ」というように、母親の賛否、または修正の意見や反応が対話の始まりです。

ただ私たちは、日常的に誰かと話をすることはありますが、それは様々な場面や話の内容でなされるものです。例えば、真剣に討論をする場合、買い物の途中での世間話、そして単なるおしゃべりという場合など、様々な形での話し合いがあります。それらは、「談論、会話、雑談、おしゃべり」等々に分類されます。ただ、これらの場合と比較して「対話」は、一般に使われるようになって比較的まだ日の浅いものだといわれます。そして対話は、「相手がいて成り立つこと、相手と話し合うこと」という感じでとらえられますが、その本質は「ただ話せばよい」という簡単なものではないように感じます。「ただ話す」だけでは、雑談ともいえるし、ただのおしゃべりでも良いということになりますが、これだけで十分でないのが対話だと思うのです。ボルノーは、対話の前提として「話す力と聞く力という二重の力」の必要性を提示して、対話では「心を打ち明けて話すこと、そして心を打ち明けて聞くことは、どちらも人間に対して、素朴な自分だけの思い込みを超えて話すことであり、相手のことも考え話すことも大切な行動である(2)」のが対話だと言っています。

相手に心を開き、素直に自分の考えを話し、相手の話も聞くことが大切です。つまり、相手が自分の話をどのように受け取っているかわかりませんし、相手が自分の話を誤って理解し利用するなどということも起こるかもしれません。また聞くということでも、他人の異なった意見を、原則的に意見を主張する同等の権利をもって話していることをみとめ、場合によっては他人の意見をもっともだと納得する心の準備も必要なのです。ゆえに、話し手も聞き手も、自分の思い込みを超えて、相手を信用して安全条件を放棄し、自分を殻に包み自分の安全だけを守ろうとするのではなく、心を開いて、無防備に自分を相手にゆだねなければ、真の対話は成り立たないということになるのです。例えば、親と子の立場で言えば、子どもが親に話をする場合に、ほとんどの場合子どもは親に心を開いて話そうとするし、話の相手である親を信じて親に身をゆだねるのが普通です。話の聞き手である親は、もし自分のほうが優越だという気持ちで聞こうとしていることに気づいたなら、その優越感を捨てて子どもに心を打ち明けて向かい合い、対等な人間として話を聞くことが求められるのです。確かに、親と子の場合、往々にして上から下への話し合いになりがちであり、「こうしなさい、こうしたほうがいい」と言ったことは、対話ではなく「説得」や「価値観の押し付け」になってしまうことが多いのです。こうした場合でも、親は心を開き、対等な立場で話を受け入れることが必要です。

また、対話には、「情緒の共有」ということも必要です。「情緒の共有」とは、対話の相手がどのような思い、または情緒をもって話をしているのか、相手の感情や情緒を共有し、情緒面からも理解を示す対話のことです。情緒の共有の感覚は、話し手により強く相手が自分をわかっていてくれるという感覚を与えます。普段の生活の中でも、情緒の共有が必要な対話が多くあります。例えば、子どもが玄関先で空を見ながら、奥の台所にいるお母さんに向かって、「雨が降りそうだな、今日はプールがある日なの、水着を持って行ったほうがいいかな?」と聞いていました。その時お母さんが、奥の台所の方から「持っていったら」と叫んでいました。その子は、困ったような顔をして、水着をつかんで学校の方に走っていきました。その日はその後に雨が降りましたが、お母さんが玄関まで来て子どもと一緒に空を見て、「今日は、雨は降らないと思うな、プールも大丈夫よ」といってあげる。まさにここで情緒が共有され、良い対話が成り立ったのです。お母さんが玄関先まで出てくるかどうかは別としても、子どもの立場と気持ちを共有しながら、お母さんも一緒に考えてくれているという思いを子どもが持つことが大切です。結果的に、『雨でプールは中止だった」としても、家に帰りお母さんと顔を見合わせ、「残念でした」とにこやかに笑い合い、その出来事を楽しみながら、学校で起こった別の話をしている、ほのぼのとした親子の対話の様子が目に浮かびます。

最近では、対話についての表現するときに、コミュニケーションという言葉に含めて言及することがあります。コミュニケーションとは、本来「伝達、交信」などという意味であり、広義に考えれば、周囲の様々な人や物との「情報交換や伝達、意見や意思の交信や交換」という意味も含まれます。また、コミュニケーションの手段には、多様な方法が考えられますし、対話性の強いものもあります。たとえば、携帯電話やテレビ電話など、相手を見ながら、またはその存在を確認し想定しながら話をすることが考えられます。

しかし、やはり電話では、真の対話が求める実際に話をする相手と向き合う状況ではなく、相手は別の場所にいるのが当然の状況です。対話というのは、やはり話し相手と現実に対峙して話す場面に限ります。最近使われるコミュニケーションは、話し手と聞き手が相対する場面を必ずしも要求しない形も含めており、携帯電話やメールによる会話や情報交換は、相互の意思表示にとどまるのです。従って、携帯電話などでの会話では、話し相手が自分の意見に反対し、憤慨したならば、電話のスイッチを切ればよいのです。

機器や物を媒介とするコミュニケーションでは、人間の直接的な相互作用がなくても会話は成り立ち、直接相手を前にして感情をぶつけ合うことも、抱き合って喜んだりするということもないのです。

家庭教育でも、携帯電話の普及に伴い、そのメリットとデメリットが議論されています。携帯電話による親と子の会話は、一つのコミュニケーションではあるが、お互いが目前にいて行う対話ではありません。このように、コミュニケーションの手段の充実と対話の必要性が誤って理解されています。例えば、顔を合わせない携帯電話でのコミュニケーションが頻繁であっても、親と子の相互理解が十分になされている状態とは断言できないし、対話は質を問う部分もあります。親と子が向かい合い、対峙し、じっくりと話をする対話が必要です。

二　なぜ今対話なのか

平成の時代に入っての携帯電話等の通信機器の急激な発展と普及により、人々の通信や情報の伝達は極めて便利になりました。最近では、単なる電話機能だけではなく、ツイッター、ＳＮＳそしてユーチューブなど、様々なコミュニケーション手段を作り出しており、特に子どもたちの世代にも普及しています。しかし、その特徴の一つは、相互に顔が見えない者同志の相互交信が、様々な形で楽しめることです。特にスマートフォンといわれる携帯電話が発達し、子どもから高齢者まで使用する時代になっています。そのために、親と子が同じ家の部屋と部屋で携帯電話を使い会話をしているという奇妙な光景も作り出しています。こうした会話や交信が、ますます家庭の中に入り込んできていますが、携帯電話による会話は単なる会話であり、相互に対面しない形での会話または情報交換に過ぎないのです。最近では、携帯電話によるメールの交換や情報の交換が主流になりつつあり、情報の交換や会話のためには、非常に大きな便宜性を私たちの日常生活にもたらしたことは間違いありません。一方、多くの人たちが携帯電話機の所持の有無が常に気になり、電話機を手に握りながら行動をするというように、携帯電話なしに生活が成り立たないし、携帯電話のない生活に不安を感じるようになっています。同時に、携帯電話による会話を、家族や友人との対話だと思っている人々が多いようです。現在の携帯電話での会話は、対話性のないコミュニケーションの形でしかないことに、ほとんどの人が気づいていません。

加えて、日本人のライフスタイルの変化は、家庭内の対話の在り方にまで影響を及ぼしています。交通機関の発達と休日の増加は、レジャー志向の生活を支援する要因になり、連休だけでなく週末にも家族でレジャーを楽しむ家庭が非常に多くなっています。もちろん、レジャーを通して、家族が交流することも大切です。ただ、レジャーに使う時間の長さの分だけ、家庭内の対話の時間が減ったことが気になります。レジャーを通しての家族のコミュニケーションには、楽しい会話はありますが、意外に対話の機会がないというのが課題となっています。現実に、本当に必要な家族間の対話は、レジャーの楽しみの中では成立していないのです。レジャーの中では、楽しみが第一に求められるものであり、家族の間の充実した対話を望むのはなかなか難しいことです。ただ真剣な対話は、別の時にもできるものですが、レジャーの帰りの自宅までの道のりの間に、親子で将来のことや学校、友人に関することを話す絶好の機会であるともいえます。また、こうしたレジャーからの帰り道でのちょっとした親と子の会話を持つことは、親と子の話し合いやすい関係を築く良いチャンスでもあります。

また、近年わが国でも女性の職場進出が進み、共働き家庭が増加しています。父親と母親の両方が何らかの形で仕事を持っている家庭の割合は、二〇一五年以降とりわけ増加し、仕事の時間や職種はともかくとして、全体の六〜七割が共働き家庭と言われるようになっています。加えて、ひとり親家庭も増加しており、わが国では二〇一六(平成二八)年の統計では、母子世帯が一二三・二万人になっています。これらの家庭のほとんどが、子育て世代の家庭であることは間違いありません。女性が働くようになった理由は様々ですが、経済的な理由と生きがいとして仕事を持ちたいという理由が最も多いようです。女性の高学歴化も一つの理由としてあるかもしれませんが、ゆとりのある生活を望むためというのも当然の理由の一つです。ただ、女性でも仕事を持つようになって共働き家庭が増加したとしても、問題視することではないし、むしろ良いことでもあります。しかし、核家族化が加速したことで、少人数家族の中で食事の時間がバラバラであったり、それぞれの家族が個別のスケジュールに従って生活するような形態の家庭が多くなっていると言われます。このような生活の中では、対話のチャンスが減少しており、無対話の時間も増えています。結果として、家族のそれぞれが、自分の生活を第一に考える、個別主義的な家族関係ができていきています。このような状況に対して、「共働きで、時間に余裕のない家庭こそ、質の高い対話が必要です。意識的な働きかけではない、深く何気ない対話の習慣が必要(3)」という指摘もあります。忙しい家庭こそ、対話が家族の一つの習慣となり、短い時間でも、少ない言葉でも深い対話、質の高い対話をすることが求められます。対話が習慣化すれば、それだけ家族の間で共有する情報や日常の時間も増えることになり、家族の良い関係が維持されるようになるはずです。

また、最近の親は、子どものことをあまり知らないし、子どもは親のことをあまりわかっていない家庭が増えていると言われます。自分の子どもたちの行っている幼稚園や学校のことについて、あまり知らないし、学校での生活の様子も知らないという親は珍しくありません。おそらく知ろうとしないか、知らなくても良いと思っているかもしれません。しかし、この現実は、子どもと親が対話の機会を作ろうとしない、対話不足の結果でもあるのです。学校であったことやその日の特別な出来事について、子どもたちは、「親に話そう、誰かに話してみよう」という気持ちが不足し、親は「知ろう、知りたい」という気持ちが不足しているのです。加えて、子どもたちの生活の画一化やスケジュール化は、親の子どものスケジュール管理を容易にしていますが、子どもたちが塾や学校で何をし、何を考えているのか、現在そして将来に対して何を望みそしてどのような不安を持っているのかなどについて、親と子が相対して話をすることが、普段の生活の中であまりないように見えます。また最近の親は、学校にすべてを任せ、学校に行けば勉強をする、給食を与えてくれる、生活指導もしてくれると、学校任せで安心だけを感じ、子どもたちのことを忘れています。ゆえに、突然学校が休みになると、子どもはどうなってしまうのかと心配をします。家族の日々の暮らしの中で、子どもたちの変化や成長を探し、共に生きることの喜びを感じ取りながら、子どもとの対話を重視している親がどれだけいるのか、不安になります。家庭での、対話の習慣化のためには、家族がお互いをよく知る努力が必要ですし、対話の可能な距離に可能な限り長くいることが大切なのです。

三　家庭内の対話不足

家庭内の対話不足は、いつかは家庭の崩壊を招き、様々な家庭内の問題や子どもの成長にかかわる問題を作り出す要因になると思われます。そして、わが国では、最近対話がうまくできない子どもたちが増加していることが問題になりつつあります。特に、長い時間の対話や見知らぬ人との対話が苦手だと言われます。子どもたちは、自分が話したいことを素直に話し、相手の話をよく聞き、相手の話に答えるという単純な対話のプロセスを実行することができないのです。ただ、親も子どもたちも、とりとめもなく喋り合う無駄話や雑談はよくすると思います。つまり、家庭においても、学校でも、雑談は大いにしますが、必要な対話は少ないのではないかと感じます。結果として、日常生活の中でおしゃべりや雑談のレベルで満足しているために、対話が必要な時に対話ができないということが発生します。不登校やいじめと言った、対話することができないことに端を発する問題が、増えていると言われます。言い換えれば、自分の意見を主張することができないために起こることが多い問題の増加です。例えば、雑談に始まり、「さて本題に入りますが、この問題に関してみんなで話し合ってみたい」というと、突然困った顔になり、戸惑いを示す子どもや若者が多いように思います。

このように、対話の不足は、自己表現力の低下も作り出しています。つまり対話では、「率直に心を開いて話す」ことが求められますが、日常生活においてその習慣が少なくなっているために、必要な時に自分の考えを素直に表現する能力が衰えているのです。子どもたちは、自分の考えを思うように話すことができないために発生するストレスを感じるようになり、究極の場面になると対話の相手に感情的に対応するということが起こります。また、自己表現能力の低下は、問題解決能力の低下にもつながっています。例えば、親と子の間にトラブルが発生した場合、お互いに自分の考えを率直に言い、話し合うこと、つまり対話による解決が当然求められます。何がトラブルの原因なのか、なぜトラブルになったのかなど、相手の意見をしっかりと聞き、問題を理解する能力が求められます。しかし、自己表現力が低いために、相手の質問に十分に答えることができない、自分の考えをうまく説明できないために、誤解がさらに大きくなり、対話による解決ができない場合があります。結果として子どもたちは、親だけでなく、学校の仲間との対話の必要な状況を、避けるようになり、人間として必要な健全な人間関係を形成・維持する方法を学ばないままに成長することになります。

こうした対話不足による問題を持たないようにするためには、日常生活の中で子どもとの対話がない状況を反省し、親はもっと積極的に子どもと対話をする習慣を持つことが大切です。ただし、子どもとの対話の中で親は、子どもに対して受動的な態度、受動的な発言を心掛けることが必要です。しかし、普段あまり対話をしない親は、自分の主張、命令、説得を優先させ、心を開いて話そうとする子どもの気持ちを抑えてしまっていることが多いのです。「子どもの立場に立って」とか「子どもの目線で」と言いますが、子どもの気持ちや立場をよく理解し、よく話を聞いて子どもに丁寧に返事をしてあげることが大切です。子どもは、こうした日常の体験を通して、自分の判断に自信が持てるようになり、自分の意見をしっかりと言えるようになる力を身につけていきます。ある親は、「自分で考えなさい」と言って、それだけが自立的判断を育てる良い手段だと勘違いしています。子どもの気持ちを共有し、つまり情緒を共有した対話を心掛ける家庭こそ、自分で考え行動する、自分で考え答えを出すことが習慣化し、子どもの自立的な対話能力の獲得に役立つのです。

四　対話の共育

コミュニケーションという言葉がよく使われますが、これは交信や伝達という意味であり、対話よりもかなり広く浅い人間同士の情報のやり取りを表しています。また、コミュニケーションには、非言語コミユニケーションも含まれるし、手紙やメールのような対話性の低いものもあります。いま子どもたちや家庭にとって必要なのは、目の前の相手と話し合う対話による教育です。そのためには、親と子が相対しての対話の機会を可能な限り多く持つこと、そして対話を通して学び合い、共に育ちあうことができる「共育」を意識し、試みることも必要です。

そこで対話で大切なのは、「話す力」と「聞く力」の育成です。第一に家庭内での「話す力」の育成は、朝起きて親と子、兄弟姉妹が「おはよう」と言い合うことから始まっています。そして次に、学校や会社に出ていく際に、大きな声で「今日は四時限なので二時頃帰るよ、行ってきます」、「行ってらっしゃい」という言葉で一日が始まると思います。「今日は四時限だから…」ということを言わせるのは、できるだけ話す言葉を多くするためです。現実には、子どもも親も、こうした単純なことも言わなくなってしまうことが多いのです。親は、自らも意識的に、帰る時間などを言ったりして、言葉を増やしてください。そして、大きな声で話す、言葉を増やして話すのは、心を打ち明けて話すという感覚を持たせるためなのです。子どもが思春期になると、行き帰りの挨拶もしなくなることがありますが、それは単に思春期ということではなく、挨拶さえできないという問題を伴う場合も考えられます。

特に、幼児期の子どもや小学生の児童が、家に帰ったとたんに、外や学校であったことを、連続的に話し始めることがあります。こんな時親は、子どもの話したいという気持ちを大切にし、子どもが話しやすい親の雰囲気や家庭の環境づくりに努めることが必要です。「忙しいからあとでね」というのではなく、またいやいや聞いている感じでもなく、むしろここでも情緒の共有に心掛けることが求められます。そして、親は、子どもの話に真剣に耳を傾け、いろいろな内容の話に発展させるような問いかけも必要だし、そこに他の兄弟がいたなら話に引き込むような工夫も、話す力の育成にとって大事な要素であると言えます。

第二に対話で大切なのは、「聞く力の育成」です。対話では、話をする相手を、「同じ立場と同等の権利を持つ人間として認めるとともに、話す相手を受け入れ心を許す」という態度と感情が必要です。家庭において、こうした力を育成するには、親は子どもの意見のレベルを低いと考えたり、自分の意見を優先し、子どもの意見を否定しがちであってはいけません。親は、子どもの異なった意見を受け止めて、聞こうとする態度が必要です。子どもの意見に対して、「いい意見だね」とか、「その意見は当然だが、別の考えもあるよ」と言ったように、子どもとの日常のやり取りの中で、相手の意見を聞き、納得することの大切さを教えることが必要です。こうした日常の体験から子どもの「聞く力」は、育てられるのです。

さらにO・F・ボルノーは、対話の能力と意思の大切さを育てる家庭環境づくりの重要性を指摘し、次のように述べています。

「対話の能力と意思を育てるには、親は何をすることができるのか、と具体的に問うとすれば、まず二つの前提、すなわち自由に発言する勇気と、他人の意見を聞いてそれが同じ正当性を持っていることを認める心構えを育てることが、大切だろうと思います。そして親は、これらの能力が育つことのできる機会や環境を作り出すことが必要です。ただ、一番大切なことは、親自身が、毎日子どもたちに接するときに、自分の権威的な要求をすべてやめて接するようにすることです。こうしてのみ、真の対話の習慣が育つ雰囲気が作られるのです。(4)」

このようにボルノーは、「自由に話す勇気」そして「他人の意見を承認する心構え」の大切さを指摘し、こうした能力を育てる機会を家庭内に絶えず作り出すことが必要だと言っています。そして親が、日常生活の中で子どもと接するときに、権威的な態度で「こうしなさい、こうすればいい」と言った言い方をやめることが求められます。親は、子どもに対しても「こうしたほうがいいんじゃない」、「こう思うけど、どう」と問いかけるような言い方をすべきであり、相互に発言できるような雰囲気や環境づくりが、対話の習慣を育てるのには大切です。

ただ、真の対話のできる環境を作り維持するためには、親が意識的に環境づくりに努力する必要があります。例えば、わが国の家庭では、かなりの割合で食事の時にテレビがついていると言われます。これは、欧米諸国ではあまり見られない光景です。家族が食事をするとき対話ができる一つのチャンスですが、テレビを見ながらでは対話はできません。家族がせっかく集まる食事の時の対話を維持するためには、テレビを消して食事をする習慣が必要です。幼児期から、父親そして母親が、相互に向き合い、見つめ合って対話をする時間を大切にすることが、対話の習慣を家庭に作り出すのです。

子どもが、ゲームをしながら親と話している姿を見ることが、最近多くなりましたが、これは対話ではなく、単なる受け答えにしかすぎません。親は、子どもの発達段階に応じて、習慣となる対話の時間の長さを考え、とにかく見つめ合い、受容的に相手の話を聞くという態度を忘れずに、対話の中からお互いが学び合う「対話の共育」に心掛け、子どもとの楽しい対話を楽しむことが大切です。

（注）

（1）O・F・ボルノー著、森田孝・大塚恵一訳編『問いへの教育』川島書店、一九七八年、一一六頁。
（2）同書、一二〇頁。
（3）伊藤友宣著『家庭の中の対話』中公新書、一九八五年、一六〇頁。
（4）O・F・ボルノー著、浜田正秀訳『人間学的に見た教育学』玉川大学出版部、一九六九年、一四〇頁。

第五章　道徳と家庭教育

教育学者村井実の「人間の善さに向かうという性質」という「善さの思想」を尊重すれば、人間は生まれながらにしてみんなが善くなろうとして生きているのです。子どもたちも同じです。子どもたちは、誰もが叱られたいと思って毎日を過ごしてはいません、むしろ褒められたいと思いながら生活しているのです。しかし、子どもたちの身体の機能の未発達や道徳性の未発達により、社会的にしてはいけない言動や、親から見てしてはいけないことをします。その際、親は、道徳性の発達段階に応じて、また社会における善悪の基準を考えて、道徳にかかわる教育をしなければなりません。それらは、子どもたちがより善く生きるための大切な支援なのです。

道徳という面で子どもたちは、成長するに従い近所の子どもたちとも遊ぶようになり、学校に行くようになれば、そこでも新たな道徳的判断を学ぶようになります。ただ、その分だけ子どもたちは、誤った価値観や判断を学ぶようにもなります。そうなると家庭では、子どもに教えるだけではなく、誤った行いや価値観を修正することも、家庭教育の仕事になります。人間としての内面的な価値観の形成にとって、非常に重要なかかわりを持つのが、道徳の教育です。親自身も、時折自分の行いを振り返り、また社会における価値判断の変化に対して慎重に配慮しながら、道徳や価値判断に関する教育をすべきだと思います。特に最近は、価値観の多様性、携帯電話などのＩＴ機器の発達と普及による価値観の急激な変化への対応が家庭教育でも課題になっています。親は、子どもたちに、何が善いのか、何が価値の高いものなのかと言ったことを、正確に説明できないという事態も起こっているのです。しかし、人間にとっての道徳、人間はどうよく生きるのかと言ったことの根本は変わらないように思います。ここでも、もう一度振り返る必要があるようです。

一　子どもの道徳性とは

そもそも「道徳とは何か」、「それを教える」ことができるのかと言ったことを真剣に考えると、それは極めて難しい問題であり、実践することの困難さも感じます。ゆえに、道徳性や道徳的行動と言ったことについて、頻繁に議論が繰り返されてきました。

アメリカの教育学者ジョン・デューイは、「道徳的行為」として考えられるものの起源を、一つは「ある集団の習慣、習俗に由来するもの」であり、もう一つは「個人の反省的思考」であると言っています。この「慣習的道徳」とは、ある集団が構成員をコントロールし、まとめようとする場合に、その集団の人たちに従わせようとする慣習的な規範や行為のようなものであり、慣習的な道徳と呼ばれるものです。この一つの集団の構成員の行為を規制するものとしての道徳は、その集団の日々の生活の中の習慣から生まれ、集団の慣習から逸脱した行為を防ぐためのものと考えられます。つまり、私たちは、社会の中で生きていくために守るべき規則があります。デューイは、これを習慣的道徳と呼んでいます。また、「反省的道徳」とは、一つの問題が発生したときに生ずる道徳です。もともとあった判断基準が、発生した問題によって揺らぎ、何が自分や他の人にとって良い行為であるのかが、これまでの判断基準の枠を超えて問われたときに、これまでの基準に対する反省が起こるのです。そして、ここで初めて、厳密な意味で道徳的な問題に直面するのです。[1]まさに、単なる個人の快さや特定の人間にとっての習慣的な基準ではなく、人間として善くあるべきとは何かといった問いに直面し、これまでの道徳的な判断に関しての反省が起こり、それまでの考え方が変わり、新たな道徳的基準が生まれ、習慣化することになります。

これに対して村井実は、道徳教育の三つの視点に立って、道徳的働きかけの存在を説明しています。第一は、わが国の教育で使われている「徳目主義」という考え方です。社会が、道徳的に善いと認めた徳目、例えば「正義、勤勉、節制、友情、正直」など、学校の道徳教育の目標として示されているものです。これに従えば、これらの徳目を身につけたと認められる程度に応じて、道徳的だ（善い）ということになります。家庭でも、これらの徳目を基準として、子どもたちに言動の善いこと、悪いことの判断の基準を教えることが多いと思います。第二は、「価値主義」という考え方、特に欧米の学校で実施されている考え方を取り上げて説明しています。欧米では、人間が道徳的であるということは、社会的に正当とされる価値を身に着けること、あるいは社会的に正しいと言われる価値判断ができることが大切であり、ゆえに社会が認める道徳的な基準を重視するようにしています。欧米では価値についての個人の自由な好みや選択を大切にしますが、社会の多くの人に承認される価値に重点があります。家庭においても、子どもの自由な価値判断を尊重しますが、あまりにも自分勝手で社会的に排除されるような価値判断については、親は社会の在り方と比較しながら道徳的な判断を教えます。そして第三に、人間の道徳性には、民族や文化を超えた、普遍的で一定の段階的な発達過程が認められると主張する「発達段階説」という考え方があります。しかし、子どもたちが、ある一定の発達段階を同じように経て、道徳性を発達できるかどうかは難しいのです。この場合、発達段階に関する親の理解と考え方の相違が問題になります。親が、子の発達段階をよく知らずに信じ、わが子の発達のレベルを気にしすぎて、子どもの状況をネガティブに考えてしまうと言ったことも起こる可能性があります。

そこで村井は、道徳の教育を考えるとき、「善さ」をどのように考えるかが重要であり、善さを徳目や価値、または発達段階に置き換えてしまったことが問題であると指摘しています。(2) 子どもたちの道徳性、道徳的と言える性質は、人間の善さを求めて生きるという性質であり、単に物事の善いこと悪いことの自覚ではないのです。実際に善く生きるためには、善し悪しを問い、判断し、行動する働きが必要です。ただし、「善さ」というのは、自分にとってだけよいというのではなく、家族にとっても善いこと、そして社会的な基準に照らしても善いことでなければなりません。親は、このことを十分に理解し、激しく変化する社会の価値観も理解して、家庭での道徳の教育を考えることが大切です。

二　しつけと道徳

さて、子どもの道徳的、精神的な発達においては、いろいろな機能の発達の中でも社会化は極めて大切なものの一つです。社会化とは、周囲の社会の環境や規則を理解し、受け入れることができ、他の人々との関係を適正に維持し、そして行動ができるようになることです。この社会化を、計画的、教育的に行うとすれば、それを我々はしつけと呼んでいるかもしれません。しかし、家庭においてすべてのしつけを計画的に行うのは、なかなか難しいことです。現実には、家庭生活において偶然に起こる行為に対して、喜んだり悲しんだりする親の感情的反応や、その背景としての親の生活態度や役割の受け入れ方、心の中に持っている期待や希望といった、親自身が明確に自覚しないままでの反応や思いに頼る行為が、家庭での子どもの社会化に影響するのです。ただ、自覚的に、意図的に親が、子どもを褒めたり、叱ったりする行為が、子どものしつけに良い効果をもたらすと信じる親も多くいます。それは、いわば訓練のようなものです。訓練による行為の習慣化が、賞罰によって学習効果を促進するとしたら、それは誤りです。例えば、罰を与えることで、ある行為を禁止することができるという考えは、単純すぎます。教えられたことを、親が実行し、周囲の人も実行しているのを、子どもが確認することで、訓練の効果が出るのです。一方的な賞罰によってでは、このような効果は望めません。ゆえに、親子共学の雰囲気が作られることが大切であり、しつけでも親と子どもが学びを共有するという考えで行われることが望まれます。そして、罰よりも褒めることによってしつけの効果を求める方法が、より効果を期待でき、道徳的、精神的成長を促すことができるのです。

イギリスの哲学者ジョン・ロックは、『教育論』の第二章第二節の「罪と罰」の中で、どういうしつけをしたらよいかという問題について、次のように述べています。

「私は、子どもに対して厳しい取り扱いをするようにと強調した。そのことで、子どもたちの傷つきやすい年齢及び体質に対して、当然払うべき考慮を払わなかったと疑われるかもしれない。しかし、私がいつも考えていることは、非常に厳しい処罰は、教育においてほとんど利益にならないものばかりか、大きな弊害があるということです。つまり、同じ環境の中で最も ひどい罰を受けた子どもが、一番立派な人間になるということはまずありえないと信じています。私がこれまで強調してきたことは、こうです。どんなに厳しいしつけが必要だと言っても、子どもが幼なければ幼いほど、それを正しく実行して効果があったならば、厳しさを緩め、もっと穏やかな教育法に転換すべきだということです。(3)」

このようにロックも、しつけには厳しい方法も必要だとしながらも、処罰は使い方の問題であると言います。最も厳しいしつけを受けたものが、もっとも立派になるとは言えないが、場合によっては幼い時でも厳しくすることが必要だと言っています。厳しくする、褒める、つまりアメとムチを使うことも、しつけにはもちろんあります。しかし、子どもは冷静であり理性的なものとして扱うことを常に忘れてはいけません。ロックも、子どもたちは、親が考えるよりも明確に、アメとムチをもらうときの状況や親の感情を理性的に受け止めていると断言しています。

これに対して村井は、「しつけの妥当性」ということを取り上げ、「第一に妥当なしつけと妥当でないしつけとの区別を、どこで見分けるのかが問題です。ふさわしい種類とふさわしい期間や時期との、二つの面から考えなければならない」と述べ、「個人的・社会的利害に根拠を置くしつけと、本来道徳的性格を持つ道徳的原理あるいは実践的規則に根拠を置く、二つに大別することができる(4)」と言っています。後者は、「親切、正直、勤勉」などの行為や言葉遣いにかかわるしつけであり、しつけとして必要な種類のものであると言えます。問題は、前者のしつけであり、個人的・社会的利害に根拠を置くしつけですが、個人的利害に根拠を置くものとしては、排せつ、食事などのような日常生活の習慣や行動などがあります。また、社会的利害に根拠を持つものとしては、「年上を尊敬する」とか「法律を重んずる」と言ったことです。ただし、これらのしつけは、子どもが社会に生きていくために、極めて大切なことですが、道徳性を持つというより、社会的に必要で便利な行動です。

とにかくしつけは、単なる機械的な習慣の形成ではなく、理性的な習慣の形成であることを忘れてはならないと思います。しつけるということと、道徳性を身につけさせることは、かなりの部分で重なるところがあります。ただ、その中身、つまりどのようなことを身につけさせるのかということで、考え方の違いが生まれます。挨拶やお礼を言うことなど機械的な習慣的行為もありますが、手洗いや歯磨きなど子どもの肉体的健康の維持を目的としたしつけとして必要なものもあります。しつけには、道徳教育の一環として行われることも必要であり、その際は理性的な教育、理性的な習慣化の形成への努力が大切です。

一般にしつけを必要とせず、道徳意識が自然に育つように放置されていることが多い高校生や大学生の年齢層の人たちでも、もう道徳的教育は必要ないと安心しているわけにはいきません。私たちが、知っておかなければならないことは、家庭生活にせよ、学校生活でも、道徳的な義務意識を育てよう、教えようとしても、幼児期から育てられた下地なしには、どのような年齢になっても自然に育つものではないのです。私たちは、家庭生活においては自分の子どもたちを見て、社会における最近の若者たちの言動の傾向を見て、もう一度考え直すべきことが多くあります。例えば、携帯電話やパソコンが作り出した個別的で、自分中心主義の行動による、ハロウィーンやクリスマスの時の街中でのバカ騒ぎもその一つです。道徳的義務意識の成長については、幼児期からしっかりとした教育が必要であり、それが次の段階の基礎となることを忘れてはいけません。つまり、それは突然ある年齢で、突然発達するものではないことは明白です。

三　道徳を教えること

二十一世紀に入り、わが国の文部科学省は、「道徳教育の充実」を義務教育の重要な継続課題として再提示し、その課題の解決に向けて、学習指導要領の改訂なども含め、様々な教育の改革を行ってきたし、その努力を呼び掛けてきました。個別主義的な風潮、いじめ問題の増加などにも表れている子どもたちの他人に対する思いやりの希薄化、そして様々なモラルの欠如など、道徳の教育にかかわることが社会問題化しています。そこで文部科学省は、「道徳の教育に関する懇談会報告」（平成二五年十二月）において、道徳教育の改善・充実のための一方策として、学校の道徳教育の時間を教育課程上の「特別教科　道徳」として、道徳の教科化を図るとともに、道徳教育の在り方を学校が主導することにしました。これまでと異なり、算数や国語と同様な教科としての道徳教育を明確に位置付け、発達段階を踏まえた内容を十分に理解し、学校の全科目を通して実施するための指導方法を明確に示しています。ただし、道徳が教科化されたことで、道徳教育が学校だけに任されたのではなく、家庭の役割も明確化し、その努力も求めています。

小学校は二〇一九（令和元）年度、中学校では二〇二〇（令和二）年度から教科化が始まりました。しかし、その内容は、依然として徳目に重点を置いていることは変わっていません。小学校の低学年、中学年、高学年、中学校ごとに、特定の学ぶべき徳目が示されています。ただし、徳目は、「自分に関すること」、「他の人とのかかわり」、「自然とのかかわり」そして「社会とのかかわり」という、大きく四つの分野に分けられ、それぞれに「節度、礼儀、自然愛、信頼、公徳心」などの徳目が設けられ、それらについて物語や人物の伝記などを読んだり、話し合いをしたりして学ぶことになっています。これまでに学校での道徳教育に、全く関心のなかった親も、こうした徳目を可能な限り理解し、かつ道徳教育の教科書などをみて、どのような道徳教育が、学校でなされているのか、子どもから聞きながら、一緒に学ぶ必要が出てきています。なぜなら、道徳が教科化された以上、国語などと同じように、評価を伴うことになり、家庭での教育も同時に評価されることになるからです。

ただ興味深いのは、村井が『道徳は教えられるか』という著書の中で述べていることです。「道徳教育というものは、その教育を受けることによって、例えば字を学び知っていることが役に立ったり、計算ができることが必要であったりするのと同じように私たちに必要であり、役に立つのだと考えてよいのだろうか。道徳の先生や大人たちは、子どもたちが道徳的であることは、当然必要であり大切であると言って疑わない。しかし、道徳的であることは、生徒の方から言えば、必要でも、役に立つことでもないばかりか、むしろ大変に不自由な、そして窮屈な、場合によっては損になることばかりだと思いやしないだろうか。そういうことになると、仮に道徳が大切であることは疑いないとしても、その大切さは大人たちにとって、またはある社会にとってだけであって、生徒たち自身にとっては、少しも大切ではないのであり、その大切でもないものを生徒に教えようとする、いわゆる道徳教育というものは、生徒に効果的な上達を期待できないだけでなく、生徒自身にとっては無意味な学習課題だということにならないだろうか。[5]」と、村井は述べています。もしかすると、こうした生徒たちの道徳教育に対する疑問は、素直なものであり、多くの生徒が持っていることかもしれません。それは、数学や英語のように、目に見えて上達の結果がわからないということが、一つの大きな原因です。道徳教育を受けた人間の方がより道徳的であり、受けなかった人間が全く道徳的でないなどということはわからないからです。こうしたことが、道徳教育を時間つぶしであり、有用性のない授業であるという感じを、一般に与えてしまっている要因かもしれません。

しかし、親は、家庭において道徳を特に必要なものとして教えようとします。親は、常に子どもには善くなってほしいと願い、道徳教育の中で徳目としてあげられるような「思いやり、謙虚、親切、向上心」など、一般に善いとされることを教えようとします。これも、善いことについての知識をできるだけ多く教えようとすることであり、子どもに道徳の知識を獲得させることに努力しているということになります。つまり、国語や数学の知識においてもそうであるように、道徳についても知識として教えることができるものであり、教えることができるものでなければならないということになるのです。結局、「道徳は教えられるか」ではなく、道徳に関する知識は、国語や数学と同様に、十分に教え、善と悪を区別するために十分なだけ教えられ、身につけさせられなければなりません。

ただ、大切なことは、子どもたちは生まれもって善く生きようとしているという考え方に基づくなら、ある程度しっかりとした道徳の教えが家庭の中に成り立っていれば、子どもは自ら善い判断をするし、善い行動を選択するはずです。ところが、子どもの善さに向かう言動は、親との信頼と支援の関係に基づくものです。教えようとすることが優先し、親と子どもの間に信頼関係が育たないような道徳教育は、何らの教育的効果も生みだしませんし、特に子どもたちに道徳的な自覚と道徳的であることの誇りを与えるものではないように思います。「あーしろ、こーしろ」というだけで、できなければ罰を与えて訓練をするような方法は、うまくいかないのは当然であることを、再度考える必要があります。子どもの道徳的習慣をうまく育つように支援するならば、口先ばかりの小言ではなく、親も道徳的な行動モデルとしての自分を見直す機会を持ち、相互の学び合いを大切にする「親子共学」の気持ちを大切にすることが必要です。

(注)

(1) 高橋勝著『子どもの自己形成空間』川島書店、一九九二年、一七一〜一七六頁。
(2) 村井実・遠藤克弥編著『共にまなぶ道徳教育』川島書店、一九九〇年、一〜一〇頁。
(3) ジョン・ロック著、梅崎光生訳『教育論』明治図書、一九六〇年、五〇頁。
(4) 村井実著『道徳は教えられるか』国土新書、一九六七年、一五九頁。
(5) 同書、一二頁。

第六章　遊び・成長する

「子どもたちが外で遊ばなくなった」という言葉をずいぶん前から耳にするようになりました。それに伴い外で走り回りながら遊ぶ子どもの姿も、少なくなりました。それは、子どもたちの遊びの方法が変わったということも一つの要因だと思います。しかし、児童期及び青少年期には、遊びを通して達成すべき発達課題、そして知識・技術の獲得が必要です。遊ばないということは、この時期に必要な発達課題の達成や知識・技術の獲得をしないで過ごしてしまうことにもつながります。また、子どもたちにとって遊ぶことは、心身の健全な発達にとって不可欠です。ただし、そこには遊ぶ方法が変わったことによる、知識や技術の獲得方法の相違が現われています。現代では、ゲーム等のＩＴ化による遊びの変化が、善きに、悪しきに、遊び方に大きな影響を及ぼしてきたことは間違いありません。そして子どものライフスタイルの変化も影響しています。子どもたちが、様々な習い事などに追われ、多忙であり、かつてのように遊ぶ時間がないのかも知れません。加えて、社会の影響も強く、自動車社会の発達は、遊ぶ場所としての道路を子どもたちから奪ったし、過度に安全安心を優先する社会観念は、子どもたちを家の中に閉じ込めるようになっています。公園や特定の遊び場も、大人の監視なしには、遊べなくなったりしています。ゆえに、遊ぶこと、遊ばせることも、家庭での教育やしつけの中の重要な部分になっています。

一　遊ぶということ

文部科学省は、子どもたちの「生きる力の育成」に力を入れています。そして、「生きる力」とは、「知・徳・体のバランスのとれた力」のことです。これからの社会を生きるために必要とされる「確かな学力、豊かな人間力、健康・体力」をバランス良く育てることが重要だとされています。ただし、知・徳・体のバランスの基礎は、幼児期からの遊びを通して培われるものなのです。

自由な活動を重視したイギリスのサマーヒル学園を作ったA・S・ニイルは、「学びたい者は学ぶ、学びたくない者は学ばなくてもよいという自由を与えた時、子どもは遊んでばかりいて、一向に学習しないだろうと多くの人が考えるところです。しかし、そのような自由を与えているサマーヒル学園では、強制的な活動を重視する学校より、子ども達が良く学習します。実に驚くべきことがあるのです。(1)」と言っています。子どもたちは、自由になれば遊んでばかりいるのではなく、遊ぶこと、自由な活動や動きを通して、学習するための様々な力を蓄え、発揮する準備をしているというのです。もともと子どもは、学びに必要な自然な力を持っており、遊びを通して、その力を発揮することを学んでいるのです。

さて一般的にいう遊びは、子どもたちに、生きることや自己の生活について、理解させる大切な機会であり、大人世界への適応を学ばせる場でもあります。ところが、フランスの哲学者R・カイヨワは、独自の表現で遊びを次のように定義しています。

（1）遊びは、自由な活動であり、遊ぶ人が、自由な活動を強制的に認められなければ、たちまち遊びは魅力的で楽しい気晴らしという性格を失ってしまいます。

つまり、子どもたちにとって、当然な遊びは自由な活動でなければなりません。大人の意図を含むような活動への指図や制限は不必要であり、遊びの活動の自由は強制的に認められる必要があります。余計な大人からの指図や制限は、子どもたちの遊びの魅力や楽しさを奪ってしまうのです。

（2）遊びは分離した活動であり、あらかじめ定められた厳密な時間及び空間の範囲内に限定されています。

遊びは、子どもたちの日常的な他の活動とは別なものであるべきです。遊びは、あらかじめ決められた時間と空間の中に限定されてはいるが、それは子どもたちのものであり、何事にも邪魔をされない活動なのです。

（3）遊びは不確定な活動であり、ある程度自由が遊ぶ人の主導権に委ねられるので、あらかじめ成り行きがわかっていたり、結果を得られたりすることはありません。

全ての遊びが順序立てて行われるものではありません。何が起こるかは不確定です。遊びの主導権は、子どもの手にあるものであり、あらかじめどうなるとか、結果が見えるようなつまらないものではないのです。

（4）遊びは非生産的な活動であり、財貨も、富も、いかなる種類の新しい要素も作り出さない。そして、遊ぶ人々のサークルの内部での所有権の移動を別に考えれば、ゲーム開始の時と同じ状況に帰着するのです。

遊びは、利益を目的とした経済活動のような生産的な活動ではありません。活動に対して、何らかの成果を期待するとしたら、それは間違いです。遊んでいる子どもたちの集団の中での、鬼や追いかけられる役などの所有権の移動は発生するが、最後はいつも遊び仲間として同じようなところに辿り着くことになります。

（5）ルールのある活動であり、通常の法律を停止して、その代わりに、それだけが通用する新しい法律を一時的に作り約束に従う。

遊びには、遊びのルールがあり、それは大人が決めた世の中の決まりとは異なります。しかし、そこでは、遊びの中だけでの新しい規則が作られ、みんなが遊びの中では約束に従うのです。

（6）虚構的活動であり、現実世界と対立する第二の現実、あるいは、まったくの非現実という特有の意識をともなう。(2)

遊びは、それぞれの遊びに合った作られた活動であり、子どもたちにとっては、第二番目の現実であり、全く現実味のない世界の出来事なのです。

このように「遊び」にも、様々な意味や定義が考えられます。ただ、これらの定義を知ることはけっして無駄ではなく、親が子どもたちの不思議な行動に驚くことがありますが、その時に、こうした視点から考えてみることによって、その行動の意義を理解できることもあります。

しかし、最近子どもの遊びと遊具が、切り離せない関係を持ってきました。電気仕掛けのものや乳幼児期の頭脳の発達のための遊具など、数限りなく玩具店には並んでいます。特に、屋内での遊びが注目されるようになって、テレビやゲームだけでなく、多種多様な玩具が家庭の中に入り込んできました。玩具なしに遊べないという子どもが多くなっています。並行して、玩具を媒介にしないと、子どもと遊べないという親も多くなっているのです。親は、子どもと媒介物としての玩具なしに遊ぶという、原点に戻ることが求められているのかもしれません。時折親と子が、玩具なしに一時間でも遊ぶ時間を作ること、また紙一枚だけで子どもと共に工夫しながら遊ぶ時間を過ごすといったことの大切さを感じます。そうしたことから、遊ぶということの在り方と楽しさが見えてくると思います。

二　発達による遊びの変化

遊びは、心身の発達の状況によってそれぞれに異なりますが、発達段階に応じた様々な特徴があります。仲間が欲しいという自然の欲求は、すでに生後六カ月くらいの乳児でも見られますが、子どもの成長に従って、この傾向は更に強くなります。これは一つの社会性の芽生えとも言えますが、最初は母親を中心に、次に兄弟姉妹、そして近所の友達と遊ぶようになります。ただ、「遊びの行動的発達」から見ると、二～三歳くらいまでの子どもたちには、「何もしていない行動」があり、また「単独遊び」というのがよく見られます。例えば、同じ砂場で遊んでいても、それぞれ子どもが別なことをして、遊んでいるのが、そうしたケースです。また、「傍観的行動または傍観遊び」というものも見られ、他の子どもたちの遊んでいるのを、じっと見ているというのも、この年齢の特徴です。更に、「平行遊び」も、二～三歳ぐらいの子どもの遊びの特徴です。同じテーブルに座っていても、別な遊びをしているような状況のことを指します。この後に年齢が増すに従い、「関係接触の遊び」（めいめいの子どもが、自分なりの活動をしているが、どこかで簡単な交流がもたれている様子）や、「協同的遊び」（四～五歳ぐらいの子どもたちが、それぞれの役割を受け入れるようになります。しかし、グループの中で、けんかが起こり、グループが解散してしまったりすることも多い状況）のような遊びが目立ってくるのが特徴です。幼児期には、主に母親やごく限られた兄弟等に注目が向けられ、いろいろな動作を模倣し、喜びや嫉妬、恐れなど、様々な感情が現われるようになります。二歳以後は、この発達が、ますます分化し、自分を他人に適応させられるようになり、数人の集団の中でも、遊びを通じて協働する能力も持てるようになります。

しかし、一人遊びや傍観遊びの時期に、子どもを公園に連れて行き、他の子どもたちと一緒に遊ぶように強要する母親がいます。この時期は、当然協同することが下手なので、他の子どもと接触する度に、けんかになったりします。一緒に遊べないのが当たり前の時期に、「公園デビュー」といって一緒に遊ぶことを強要したり、遊べない自分の子どもを叱ったりすることが見られます。それは、子どもにとって実につらいことなのです。この時期の子ども達の一般的な発達状態を理解し、対応する必要があります。また、四～五歳ぐらいになると、一般には協同遊びが可能になりますが、子どもによっては、社会性の発達が未分化のために、すぐに他の子どもとけんかになる場合もあり、頻繁に物の取り合いが発生しますが、それは気にする必要はありません。さらに、子どもには、内向的と外向的な子どもがいます。外向的な子どもは、当然他の子どもとのかかわりを求めて動き出し、一緒に遊びます。だが、内向的な子どもには、親と一緒にいることが実は最も心地よい状態であることもあります。このような内向的な子どもは、他の子どもとの遊びを強要されたり、みんなと遊べない訳を問われたりすることで、精神的な負担となり、外で遊ぶことが嫌いになったりします。最も心地よくないところへ行かされることに対して、恐怖感を持つ子どもも多いのです。しかし、この内向的な子どもでも、年齢が増せば集団の中で活動できるようになるので、プレッシャーを与えることによって、精神的な影響を残さないように注意することも親の配慮です。そして、幼稚園・保育園の年長組にもなれば、運動機能も発達するし、社会性も発達するので、「ごっこ遊び」も見られるようになり、遊びの多様化が始まります。家庭でも、親と一緒に、「ごっこ遊び」をしたくなる時期でもあり、親と共に遊ぶことが、子どもにとっては何より楽しい時間であり、ここから親への感謝や信頼が生まれます。

ただし、最近の児童期（七〜一二歳）から青少年期（一二〜一八歳）にかけての遊びは、変化しています。特に地域の都市化やゲーム（パソコンや携帯電話など）の普及は、子どもたちの遊びの形態に、変化を与えてきた一つの要因です。都市化は、子どもたちの外の遊び場を減少させただけでなく、活動範囲も縮小させ、その形を変えてきました。そして、ゲームの普及は、子どもたちの遊びの時間を、室内でゲームと過ごす形に変えてきました。ただゲームは、子どもの遊びの形や方法を変えただけでなく、一人遊びを楽しむことによる生活の変化をもたらしています。同時にそれは、子どもの集団遊びの減少と仲間関係の希薄化を作り出したのです。ゲームを押し付ける社会にも、責任はありますが、親自体がゲーム世代であり、ゲームに夢中になっているところも、大きな問題です。これまで、児童期や青少年期の特徴は、仲間との集団遊びを楽しむ、「徒党の時代（ギャングエイジ）」と呼ばれました。しかし、「ギャングエイジの喪失」の影響で、この時期に同輩集団での共同生活を経験する機会が欠落し、仲間との人間関係づくりやそれを維持する能力が欠如していることが、大きな問題になっています。ゲームを楽しみながらも、仲間との遊びも楽しみながら人間関係を維持するという、バランスのとれた生活が出来るように、親は日常的に支援することが大切です。

また、青少年期は、第二反抗期や揺れる時代とも言われる時期でもあります。自我が強くなり、自分の判断と他者の判断の衝突を経験しながらも、自己の価値観や社会生活について、親や地域をモデルにして学び始める時期でもあるのです。加えて、青少年期の後期は、精神的な未熟さをどこかに残している反面、精神的自立を遂げようと精一杯大人としての自分を強調したい時期でもあるのです。そして、親や社会と衝突しながらも、親や社会をモデルにして、社会でどう生きていくかを学ぶと同時に、同輩集団の価値観を大切にする時期です。こうした時は、特に同輩集団とのかかわりが大切であり、同輩集団の中での遊びを通して、同輩集団との共生を学ぶのです。このような時期においてこそ子どもたちは、人と接することの楽しさとその意義を理解し、遊びや仲間と過ごす時間の中で学び合います。

家庭は、精神的自立を遂げるまでの過程にある子どもたちのよりどころでもあり、やすらぎを与える場でなければならないのです。そのために親は、子どもとの信頼関係を築く必要があるし、また悩みなどに応える対話の機会を持つことに努力する必要があります。

三　遊びから得るもの

遊びはけっして非生産的な活動ではなく、リラクゼーションやストレスの解消も含めて、極めて生産的な活動であり、子どもたちにとって得るものは大きいのです。

例えば第一に、乳幼児期の遊びは、子どもなりに持っている自己の内的世界と、自分の外の世界である外的世界との接近の時でもあるのです。つまり、子どもの持つ内的な自分の世界のものを、遊びを通して外に向けて試したり、自慢をしたりする機会でもあります。しかし、子どもの持つ自分のアイディアなどが、外的な世界との接触によって、再調整や修正を求められることになったり、時には子どもの中に新たな認識が必要になったりします。そして同時に、自分の考えが外で受け入れられるのにはどうしたらよいかを考える、その基礎を作ることにもなるのです。

第二に、ままごと遊びなど、素朴な遊びも大切であり、創造的な経験を得る機会でもあります。ままごとでは、様々な材料で家を作ったり、家族構成を考えたり、料理や洋服のことも考える必要があります。子どもなりの創造性を発揮し、作るという作業に関わる様々な能力、そして仲間と協働する能力なども養われることになります。

第三に、遊びは、子どもの自己表現の場でもあります。子どもは、遊びを通して、お父さんやお母さん、お兄さんやお姉さんなど、家族の中での自分の役割を学ぶと同時に、ヒーローやヒロインにもなれるのです。時には、現実との摩擦や葛藤を感じながらも、その経験を通して、自分の身に起こる様々なことへの対処の仕方を獲得するのです。親との遊びでも、子どもらしい表現力を大切にし、何かの真似をした時には褒めてあげることが大切です。

遊びは、健康の維持や体力の増進にも役立つのは周知のことです。子どもが、走り回ることは体力の発達に重要ですし、健康の維持にも大切です。加えて、子どもは、遊びを通して安全な生活についても学んでいます。遊びの中で、転んだり、ぶつかったり、けがをすることは、日常的に起こります。その中で子どもは、自己の安全を守るための知識と技術を学んでいます。ゆえに、走り回ったり、元気に遊ぶ機会を失うということは、体力だけではなく、安心な生活や安全な行動の在り方を学ぶ機会を失うし、精神的な発達にも影響するといわれます。

例えば、幼少期の遊戯集団での経験は、社会的な役割の学習、自我の発達、またルールに基づく自己評価と自己統制・責任感・協調性など、社会生活に欠かせない態度の形成に重要な意味を持っています。ただ、この段階での仲間集団に対しては、年長者、特に親からの干渉が強く行われることが多く、遊び相手、遊ぶ場所、遊びの時間、加えて遊びの内容にまで制約を加えられることがあります(3)。親は、このような点に配慮しながら、より自由で活発な遊び、そして効果を考えた遊びの機会を提供することが必要です。

さらに、少年期の仲間遊びでは、人間関係の構築と維持能力が培われます。時折争いも発生しますが、それを解決し、仲直りすることを学ぶのは、社会性の発達にとって重要なことです。こうした集団の中で、問題解決能力を学び、養う時でもあるのです。何かを壊した、迷惑をかけたことを、時には仲間と相談しながら、謝罪の仕方などを含めて、社会での問題解決能力が培われることになります。

（注）

（1）　霜田静志『ニイルの思想と教育』金子書房、一九五九年、三九頁。

（2）下山田裕彦・結城敏也編著『遊びの思想』川島書店、一九九一年、一三～一四頁。
（3）熊谷一乗著『子どもの発達と社会』東信堂、一九八六年、一〇四頁。

第七章　家庭・学校・地域社会の教育的ネットワーク

わが国において平成の前半は、生涯にわたって学ぶ大切さを強調した考え方が、一般に普及した時でした。そして、その後の社会は、地域、家庭、そして学校が協働して子どもの教育を支援する方向に転換しました。その証として文部科学省は、二〇〇六（平成十八）年の教育基本法の改正時に、新しい条項を加えました。教育基本法第十三条「学校、家庭、地域住民等の相互の連携協力―学校、家庭及び地域住民その他の関係者は、教育におけるそれぞれの役割と責任を自覚するとともに、相互の連携及び協力に努めるものとする―」ということを明示したのです。つまり、子どもたちの教育は、学校だけに任せるのではなく、家庭と学校が連携し、学校と地域社会が協働して、そして三者が有機的なネットワークを作り、お互いの役割を認識し十分に果たすことによってなされなければならないとしています。地域の学校、地域の子どもたちという基本的な考え方に従って、三者が同じ土俵の上で子どもたちの教育を考える必要性を示しています。これは、共働き家庭やひとり親家庭の増加も含めた、様々な社会の変化に対応しながら、子どもたちの学びと成長を、社会全体で支援すべきだと強調しています。

加えて、家庭もオープンになり、積極的に地域の活動に参加し、地域の一員としての役割を果たしていくことが求められたのです。学校と家庭が連携するのは当然ですが、地域社会とも有効な関係を維持する努力が必要です。しかし、最近は、地域社会の関係の希薄化が進み、それに伴い閉鎖的な家庭が多くなり、学校の運営には非協力的であり、地域社会の行事やイベント等にも無関心になっていると言われます。現実には、安心安全な地域社会を子どもたちのために維持しようとする「登下校見守り」、地域での子どもの居場所づくりと称する事業の支援、放課後子ども教室など、下校後に子どもたちの遊びや宿題を手伝う機会を提供する人々もいます。こうしたことにも関心を示さず地域社会との関係を拒否する家庭も当然ありますが、文部科学省が提案するように、家庭に対する地域の支援が必要になっています。第一番目の教育の場である家庭、二番目の教育の場所である学校、そして三番目の教育の場所として地域社会との健全な連携と子どもたちに必要な支援を、必要に応じて提供できる有機的なネットワークが求められています。

一　子どもの発達と地域社会

地域社会が、子どもたちの発達に及ぼす影響は、三つの側面からとらえることができます。例えば熊谷一乗は「第一は、地域社会が家族の生活の在り方を規定しており、それが子どもの発達に影響を与えるという側面です。第二は、地域社会が学校の教育を条件付けており、それが子どもの発達に影響を及ぼしているという側面です。そして第三に、地域社会が子どもの生活の場、生活のよりどころとして発達を規定しているという側面です(1)」と述べています。つまり、地域によって、家族の生活の在り方は異なります。例えば、都市部と農村部では、子どもの発達に対する影響の地域差があります。また、地域社会が、学校に何を期待し、何を要求するかなど、地域社会が学校の教育の内容に対する条件付けによっても、子どもの発達に対する影響の地域差が生まれます。さらに、地域社会は、子どもたちにとっては生活の場であり、暮らしのよりどころでもあるが、地域の有する諸条件や環境によって、子どもたちの健全な発達にも影響を及ぼします。

子どもたちにとって地域社会は、重要な生活の場であるとともに、人間形成の場であるとも言えます。社会の中で子どもたちは、自分とは異なった家族背景を持つ同世代や異世代の子どもたちと共に活動し、遊び、学習し合い、成長し合うのが普通です。また、親や大人たちとも交わり、行動を共にすることもあり、家庭では体験できないことも体験し、成長することができる場も地域社会です。これが、もう一つの家庭教育の場なのです。子どもたちは、地域社会の多くの人々と接することで、より広い社会に目を向け、社会での行動の仕方を学び、市民としての社会的態度や道徳性を形成します。まさに、健全な市民となるための貴重な経験を積むことになるし、仲間との連帯、相互扶助意識、協力や協働の精神、規律の尊重や人間愛など、市民として家族生活を営むために必要な能力を身につけます。このように様々な人との接触や関係を可能にする地域社会は、豊かな社会人になるための、極めて重要な「学び合う家庭」であり、自己のアイデンティティを感じ取ることのできる、安心して生活できる居場所でもあるのです。

二　地域社会と教育力

日本の伝統的な地域社会は、家が集まって一つのコミュニティを作り、これが一つの大きな家族のような機能を持っていました。このようなコミュニティを、家族主義社会と呼んでいますが、この社会では子どもたちも地域の大切な住民であり、地域という家族の子どもとも認識されていました。ゆえに、大きな家族の一員である大人たちは、地域の子どもの教育にかかわる役割と責任を持っていたのです。例えば、自分の地域の子どもたちが、悪いことをしているのを見れば、誰であっても注意をしたし、子どもたちに危険なことがあれば、誰であっても注意をし、助けようとするのは当然の役割でした。そして、子どもの側も、地域の人々を良く知っており、会えば挨拶をする、言葉を交わすことは当然のことでした。家族間の結びつきも強く、地域の行事や清掃作業などにも、各家庭が責任をもって、当然の役割として参加していました。つまり、地域社会の家庭間の絆がしっかりと維持され、良い意味で依存的な家族社会を維持してきたように思います。また、このような社会は、極めて民主主義的であり、公共の利益と個人の利益との均衡を維持しようとしてきた、日本型共同体ともいわれます。共同体の教育機関としての学校、そして共同体の一員として教員も入っており、すべての人が何らかの関係と役割をもち、共同体の機能を維持することに協力し、積極的に参加をしてきました。こうした地域社会は、子どもたちを地域の子どもたちとして認識し、地域の子どもとして教育をする、特に地域の人間として生きるための社会性や道徳性を育成する役割を当然のこととして果たしていました。これが、教育力のある地域社会です。

しかし、最近の地域社会は違います。各家庭が、それぞれの個別的な生き方を重視するようになってお り、近隣同士の関係も希薄化し、ほとんど付き合いがない状況が普通になっています。ゆえに、特定の人を除けば、ほとんどの家庭は、地域の行事等には参加しなくなってきています。そうした状況の中で、学校も地域から離れ、地域の人々は、自分の子どもが通う学校の行事等にも参加しなくなっています。ＰＴＡへの参加率は低下し、役員の選出はできないに等しいともいわれ、ＰＴＡという組織を持たない、または持てない学校も増加していると言われます。子どもが通う大切な学校なのに、全く関心がない、時には教育的な不平不満を学校や、教育委員会に持ち込む親も珍しくないと言われます。従って、他人の子どもへの関心は、全く薄れ、何をしていても注意もしないし、注意すると親同士がけんかになるからしない方が良いと思っている親が多くなっています。当然、学校との関係が希薄な家庭の多い地域では、先生の存在も重視されなくなり、先生自身も地域への参加を拒否するようになってしまうということが起こります。これが、地域の教育力の低下、教育力のない地域社会の姿です。

現実に地域の教育力の低下については、すでに一九九八（平成十）年文部省生涯学習審議会答申「社会の変化に対応した今後の社会教育行政の在り方について」において、「都市化、核家族化、少子化の進展や産業構造の変化等に伴い、地域社会や家庭の環境が大きく変化した。住民の地域社会の一員としての意識や連帯感も希薄化してきており、家庭の孤立化も進んでいる」ことを指摘しています。解決方法として同答申は、「学校、家庭、地域社会が連携し、地域と家庭の教育力の向上を図りつつ、青少年の健全育成に地域全体で取り組んでいくことが必要である」とも述べています。

これを受けて文部科学省は、生涯スポーツ・青少年局が担当局となり、二〇一二（平成二四）年から多額の予算を用意し、「学校、家庭、地域の連携協力推進事業」を開始することになりました。この事業でも、「子どもたちを取り巻く環境が大きく変化しており、未来を担う子どもたちを健やかに育むためには、学校、家庭、及び地域住民等が、それぞれの役割と責任を自覚しつつ、地域全体で教育に取り組む体制づくりを目指す必要がある。このため、学校支援本部や放課後子ども教室、家庭教育の支援などの学校・家庭・地域の連携協力による様々な取り組みを推進することにより、社会全体の教育力を向上させ、地域の活性化を図るとともに、子どもたちが安心して暮らせる環境づくりを推進する」と断言しています。

こうした事業の中でも「放課後子ども教室事業」の目的について文部科学省は、「学校、青少年の問題行動の深刻化や地域の教育力の低下等の緊急事態に対応するため、放課後や週末等に、すべての子どもたちを対象として、安心安全な子どもの活動拠点（居場所）を設け、さまざまな体験活動や交流活動等の取り組みを推進する」としています。図1に示したように、放課後子ども教室の対象となる場所としては、学校の余裕教室、体育館、公民館等であり、下校後に容易にいけるところを使用することになっています。

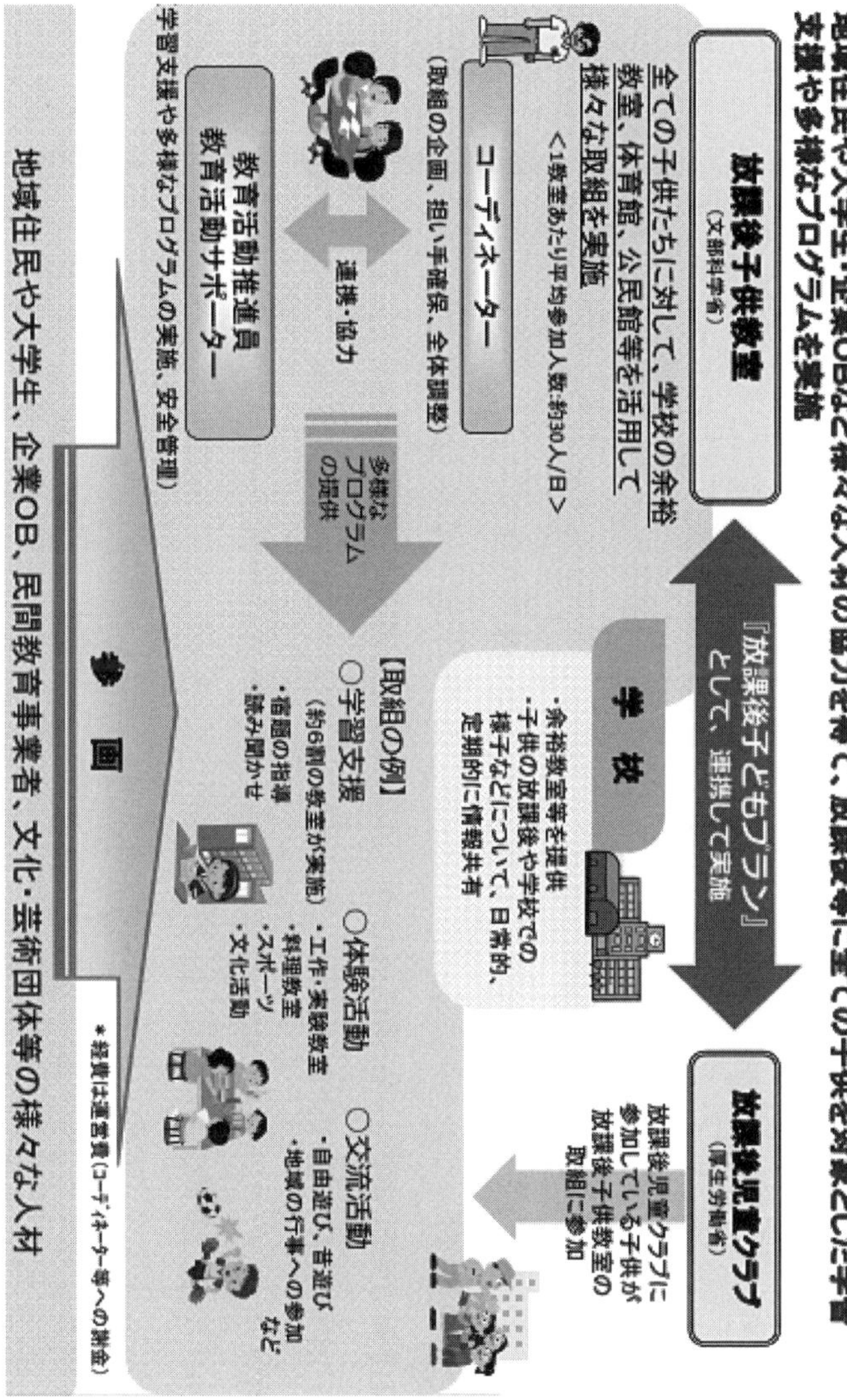

図1　「放課後子供教室の概要」（文部科学省）

「放課後子ども教室」は、それぞれの地域や学校の事情によって異なりますが、ＰＴＡ、教職員、民生委員、放課後児童クラブ担当者、そして地域ボランティアが、コーディネーターや構成員として参加し、放課後に子ども教室に参加したい者を対象に、「活動拠点（居場所）の確保、放課後学習指導、自然体験活動支援、文化活動支援」など、放課後の教室等を活用して可能な支援を家庭や学校に代わって実施しています。また同様なものとして「コミュニティスクール（学校運営協議会制度）」の活用も増加しており、保護者代表、地域住民代表、地域学校協働活動推進員が委員として学校と話し合い、「育てたい子ども像、目指すべき教育のビジョン」を保護者と共有しながら、様々な事業を展開しています。このほかに、「家庭教育支援事業」、「土曜日の教育支援」など、共働き家庭やひとり親家庭に対しても、積極的な支援活動を推進しています。

こうした事業化が推進される一方で、家庭の教育力の低下、親子の在り方や親の役割と責任などに関する問題も指摘されており、過保護や多干渉、しつけや教育への無関心な親の増加が問題視されています。こうした家庭内の問題の解決のためにも、地域での親子の学び合いや家族同士の交流の機会を提供する事業の実施が、強く求められています。親の地域社会に対する無関心の改善、そして放課後子ども教室等に子どもを預けっぱなしにするのではなく、親自らも支援者として参加する機会を可能な限り見つけることも大切です。「他者への関心や愛着、信頼が薄れた社会」、「他者を喪失した社会」、「社会の力が極めて虚弱な社会」をどうするか、こうした問題の解決には、家庭、学校、地域が連携して、可能なことを一つ一つ積み上げるような事業の運営が求められます。

三　地域ぐるみの家庭教育

人と人がつながって、社会を作っていく力を「社会力」と言いますが、「地域ぐるみの教育」を達成するためには、まさに社会力が必要です。一九九八（平成十）年文部省は、「全国子どもプラン―地域で子ども育てよう―緊急三カ年戦略」を出しました。「夢を持った、たくましい子どもを地域で育てるために」という副題がついていますが、この中では「平成十四年の学校完全週五日制の実施に向けて二〇〇一年度までに地域で子どもを育てる環境を整備し、親と子どもたちの様々な活動を振興するため、緊急かつ計画的に政策を推進することとしています」と述べられています。文部科学省は、この頃から地域及び家庭の教育力の低下という現状を踏まえ、地域で過ごす子どもたちの健全な成長を支援する社会が必要であり、そのための社会力を求め且つ育てようとしたのです。それは、親と子、そして地域の人々が一緒に行う何らかの教育的活動の実施、そして成長にかかわる活動を振興する社会づくりであり、同時に家庭教育を応援することにしたのです。この時、文部省の補助で各県ごとに、「家庭教育ノート」（「乳幼児を持つ親のために」、「小中学生を持つ親のために」）を二種類作成し、配りました。内容は、「正しいしつけは子どもへの最大の贈り物です」といった、子どもとの接し方や家庭での教育の仕方を、読みやすいように漫画入りで書かれています。実に丁寧な子育てガイドですが、あまりにもマニュアル的な面が強いように感じます。

そこで、普段から地域社会が一体となって子どもの成長を支援するような動きが必要であろうということで、各都道府県が実験的に「地域ぐるみの教育促進事業」を行ったのです。「地域ぐるみの教育」、つまり「ぐるみ」とは「のこらず、ひっくるめて」という意味であり、地域社会の人だけでなく、施設や機関、学校そして自然も含めて、すべての人や物、施設を教育資源として考え、事業を実施しようというものです。「地域ぐるみの教育」の事業で重要なことは、「小中学校、幼稚園・保育園、ＰＴＡ、社会教育施設、自治会、老人会など地域の諸団体」を一つの円状に配置し、手を取り合うような形で子どもたちの教育にかかわり、それぞれの可能な範囲で活動する地域ネットワークを作り上げることです。そのため各学校のボランティア相談員やクラブ活動のコーチ等を地域の人々が引き受けるなど、学校と地域の接触と連携を強めながら、子どもたちや家庭へ地域社会の方から接近・連携の機会を持つ努力が必要です。この「地域ぐるみの教育の事業」によって、子どもたちを健全に育てることを可能にする地域社会の再生が一つの目的です。また、子どもと親を一緒にこの事業に巻き込むことで、家庭教育を支援しようというのがもう一つの目的です。

さてその他に、市町村の社会教育の領域が中心となって、地域と学校が協力した事業として、長年継続しているものや新たに試行的に行われているものがあります。例えば、「子どもサポート事業」という名

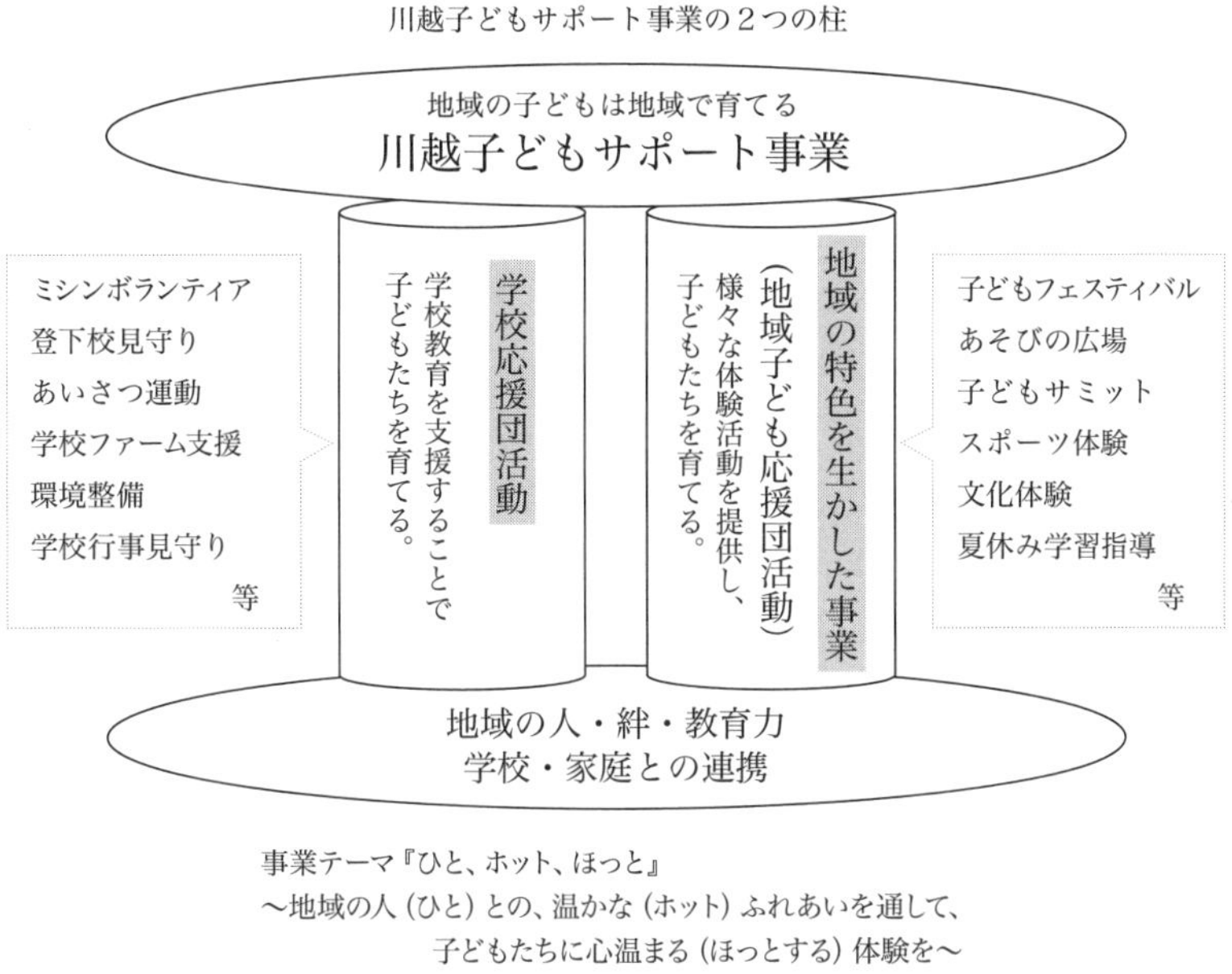

図２　埼玉県川越市「子どもサポート事業」

前の事業が実施されています。図２に示した「子どもサポート事業」は、埼玉県川越市が実施している事業で、すでに二〇二〇（令和二）年で十六年目を迎えた事業です。「地域の子どもは地域で育てる」というコンセプトの下で、市内の地域を一四の地区に分割し、それぞれの地域の特性を生かし、大きくは「地域子ども応援団活動」と「学校応援団活動」という二つの柱に沿った様々な活動によって子どもたち、家庭教育、そして学校をサポートしています。まさに子どもサポート事業は、地域のだれもが、子どもサポーターとして気軽に参加できる事業です。市の地域教育支援課に事務局を置き、各地区の子どもサポート委員会の委員長で構成する「子どもサポート本部」という組織が、全体のまとめや意見交換の場として起動しており、組織的にも実に充実した事業であると言えます。

四　子育て支援とその在り方

家庭教育を支援するということでは、支援する側と家庭との接点をどのように維持し、深めることができるかということが、常に大きな課題です。わが国には、以前からＰＴＡによって運営されている「家庭教育学級」があります。主に教育委員会の社会教育課（または地域教育支援課など）が所管する事業であり、小中学校の保護者を対象として、家庭教育に関する基礎教育、子ども理解に関すること、家庭そして社会環境と子どもたちのかかわりなどのテーマで、講演会などを通しての親に対する研修会を開催してきました。その理由は、学校から家庭への効果的な支援の方法は、家庭教育学級が良いと考えられてきたからです。しかし、最近では家庭教育学級が行われなくなっている市町村も少なくありません。その理由は、家庭教育学級を計画・実施するにあたって、欠くことのできない重要なポイントが生かされていないからです。その第一のポイントは、「情報の再発信」ということです。家庭教育学級での学習内容や参加した親たちの感想などを、「研修のふりかえり」などといった研修会のまとめ的な冊子を作り、参加者に再発信し、成果の再認識を促すことが大切です。ポイント二は、「学びの成果を授業に生かす」ということです。家庭教育学級には、当然教員の参加も大切であり、教員たちが家庭教育学級で学んだ成果を日々の授業に生かし、家庭教育を子どもを通じて支援することを忘れてはいけないと思います。ポイント三は、「教員が企画から参加する」ということです。普段家庭教育学級は、ＰＴＡによって企画・運営されることが多いのです。そのために、ＰＴＡの企画者が集まらないなどの理由から、家庭教育学級が廃止されることも多いのです。そこで、学校にいる教員が企画の段階から参加することにより、学習内容の充実を支援できます、加えて、家庭とのつながりを強める役割を果たせると同時に、成果を授業に生かすことにも繋がるのです。ポイント四は、「ＰＴＡの活性化」です。家庭教育学級が、ＰＴＡへの参加者が少ないために開催されなくなるということもありますが、家庭教育学級の内容の充実と活性化に努力することが、ＰＴＡ全体の活性化につながるような配慮も必要です。そしてポイント五として、「環境の整備・条件整備」が必要です。公民館など社会教育施設との連携により、運営しやすい環境と条件を作ることも必要です。また、学校での作業も多くなるので、校長等の理解は不可欠です。ただ、家庭教育学級は家庭教育支援事業の一つですが、子育てに悩む親たちがこうした学習の場に積極的に参加するようになるにはどうしたらよいかが、実は最も深刻な問題です。図３の「スマイルチャレンジ　子どもを笑顔にしたいから、私たちは笑顔で行動します」は、子育て支援として、川越市のＰＴＡ連合会が親向けに配っているものです。こうした活動も、子育て支援にとっては大切なものです。

図３　「スマイルチャレンジ家庭教育」（埼玉県川越市ＰＴＡ連合会）

「スマイルチャレンジ」ツリーのつかいかた

子どもの生命や人格を脅かすような事件・事故を起こさないためには、
子どもたちの生活基盤である「家庭」が明るく健全であることが大切です。
さあ、子どもたちの「笑顔」を守るため、いま、私たちが行動しましょう。

家庭は「しつけの場」　～自ら肯定し誇れる子どもを育てよう～

★思いやりをもって、叱るときは叱ります

あなたが叱っているとき、**子どもは「なぜ叱られているのか」を理解できていますか。**

また、あなた自身が叱っている原因や理由を理解していますか。

★命の大切さを教えます

我が子が**自分の命を絶つこと、他人の命を奪うような言動を取らない**よう、家族で話し合いましょう。悲惨な事件や事故を起こさないために。

★スマホ、ゲーム、家族のルールを決めます

ＳＮＳ等にアップされた個人情報、コメント、写真は一生消えません。ＳＮＳ等がきっかけでいじめや犯罪行為に巻き込まれることがあるので、家族でスマホの危険性について話し合いましょう。

私たちが忘れないこと　～子どもに「しつけ」をする前に～

★明るいあいさつ、感謝の心

大人である私たちは、しっかりあいさつできていますか？
「あいさつ」「返事」「ありがとう」が、感謝の心につながります。

★美しいことばをつかいます

言葉は、人を喜ばせることもできるが、傷つけることもあります。

★耳を傾けよう「子どものことば」

子どもたちの言葉には、その日の喜びや悲しみ、疑問が詰まっています。

★家族一緒の時間を大切に

どんなに忙しくとも、「１日１０分」子どもたちと向き合う時間を作りませんか。
子どもたちも、もっと大人と話したいと思っていますよ。

子どもを愛し、たくさん褒めよう

子どもは、受けた愛情の分だけ、「安心感」や「自信」を持てるようになります。
私たち大人も、愛されたり褒められたりすると、自信が持てますよね。

さらに、公民館等の社会教育施設を中心として、「子育て教室」、「乳幼児期の子どもを持つ母親のための講座」、「思春期の子どもたちと向き合うための講座」など、様々な学習や家庭教育支援が行政によって実施されています。こうした機会を活用して、家庭の問題解決への示唆やヒントが与えられ、より充実した家庭環境づくりに役立ってくれることが期待されます。また、主催者には、参加者を増やす工夫が常に求められますが、参加者のニーズに適合した内容、すなわち参加者が抱える家庭での教育の問題の解決や家庭に帰って子どもとのやり取りに役立つことなど、活用性の高い学習内容を提供することが必要です。

家庭や子どもたちを取り巻く環境が変わっても、家庭教育は大切です。しかし、そのことを親が十分に学ぶ機会を持てないような生活になっていることも問題です。そのため各地に、「子育てサロン」などを活用した、乳幼児や就学前の子どもたちを持つ若い親への支援や学習の機会の提供がさらに必要になっています。例えば、地域での子育て支援の一つには、親同士や親子の交流への支援を目的としたものがあります。まさに、現代を象徴するような現象の一つですが、同じような年代の子どもを持つ若い母親が、仲間との交流と情報交換を目的として集まってくるサークルです。子どもたちが周囲で遊んでいるのを見ながら、親同士のコミュニケーションを楽しみ、互いの子育ての体験を話す、そして子育てアドバイザーの指導を受けることも可能です。加えて、こうした子育てサロンの集まりの中で、自分の子育ての悩みを交換し合い、互いの体験を話し合ったり、子育てのストレスをお互いに共有することが、若い母親たちには不可欠なものになりつつあります。家庭は核家族化し、相談する相手がいない親も多いのです。近隣との関係が希薄化し、近隣の子ども同士の遊ぶ声も聞かなくなっているのが現実です。

このほかに世代を超えた交流、すなわち子育ての経験者との交流を通して子育てを学んだり、地域の人々との対話を楽しんだりという事業もあります。まさに、大家族の時代には、父母や祖父母から子育てについて学ぶことも多かったのですが、こうした機会も核家族化は奪っています。ただ、現在もう一つ問題なのは生活様式が急激に変化し、家電製品も電子化してきており、新しいものに追いついていく大変さが、最近では家庭の主婦にストレスを与えています。今子育てサロンも含め、公民館等での生活用品の説明会などを、家電メーカーや、様々な企業、加えて増加しているドラッグ・ストアなどが、暮らしのガイドのような教室を開くように、行政が手配する必要を感じます。これは、メーカーや企業にとっても、損ではないことですし、個々人がより合理的で快適な暮らしを選択することに役立つともいえます。こうした面での家庭生活支援も、家庭教育の一面として大切になってきています。加えて、携帯電話等の有効な活用法を教え、家族に正しく適切な情報を与えるような機会を、家庭教育学級や子育てサロンなどを活用して広めていく必要を感じます。いま、携帯電話を活用して膨大な情報が流されていて、ＳＮＳ、ＬＩＮＥ、ユーチューブなどのように、個別の情報も流されてきて、知らない者同士が情報をやり取りしている時代です。しかし、常に不安なのは、こうした情報が、本当に正しく、自分が必要としている情報なのかどうかは誰も保証しないということです。こうした情報選択にかかわる学習の機会も、地域社会と家庭や学校が連携して実施することが求められています。

（注）

（1）　熊谷一乗著『子どもの発達と社会―教育社会学の基礎―』東信堂、一九八六年、一七九頁。

第八章　これからの時代と家庭教育の課題

家庭教育の基本は、やはり「子どもをどう見るか、どう理解するか」であり、「親として家庭や家族をどう考えるか」です。そして、「親として子どもを善くしたい、子どもに善くなってもらいたいという願いを実現するために、親としての役割と義務に対する努力を惜しまない」という点が重要です。しかし、最近は、親自身の知識のなさや個人的な願望の優先が、子どもたちを苦しめている場合も、少なくありません。例えば、子どもが今度の休日に友人と図書館に行く約束をしていたのに、親は新しくできたレジャーセンターに行きたいために、子どもの約束を断らせるといったことがあります。加えて、親の価値観の変化が、家庭での教育にマイナスの影響を与え、結果として子どもたちにマイナスの影響を及ぼしているケースも見られます。また、今度できたオンライン形式の塾が良いと聞いた親は、子どもが親友と行っている今の塾が良いというのをやめさせて、オンラインを導入した塾に通わせる。子どもにとって、塾に行く動機づけを失うというマイナスの影響が残ってしまうといったことも、その一例です。

また山下恒男は、『子どもという不安』の中で、「新たな小さな大人の誕生、子ども時代の喪失が起こり、新しい中世の時代になったのではないか」[1]と現代を中世の時代にたとえて、大人や社会の影響により、今の子どもたちが子ども期を失いつつあるのではないかと述べています。それを物語る状況の一つとして「忙しすぎる子どもたちの生活」があげられます。様々なメディア等で話題になりますが、学校から帰ると、塾、習い事、そしてその合間にコンビニで一休み、残りの時間はゲームやテレビといったように、スケジュール化された日々を送っている子どもたちが増加しています。そして、子どもたちの口癖が、「忙しい」「疲れた」「時間がない」「眠い」といったように、過労状態にある大人と同じような言葉を発するようになっています。従って、大人社会のストレス構造が、そのまま子ども社会に反映しており、未成熟な子どもたちは成熟した大人たちよりずっと大きなストレスを抱えているに違いありません。そして、親は子どもの塾の送り迎えをしますが、塾や習い事に間に合わせるために、一人で食事をする子どもも多いと言われます。大切な食事の時の家族間の対話をどうするのか、考えてみなければなりません。

さらに、かつて子どもは、自由に駆け回り、皆で遊びながら時間を過ごすのが日常であり、義務化やスケジュール化された日々を過ごすようなことは考えられませんでした。学校からの帰り道に道草をするのは当たり前、帰ってから何をして遊ぼうかと友人と相談するときの楽しさは、子ども時代にしか味わうことができないものだと思っていました。そして、家に帰ればカバンを投げ出し、外に飛び出す、時計など誰も持っていないし、誰も時間など気にしなかったものです。スケジュール化されない時間が持てるのは、子どもの特権であったはずです。ところが最近の子どもたちは、学校以外ではゲーム機付きの携帯電話をもって、または持たされていることが多くなっています。確かに携帯電話は便利で、連絡をしたり、居場所を確認するということでは、活用度が高いものかもしれません。このことによって子どもたちは、親と同様に携帯電話を持たないと不便だと感じるようになっていますし、遊びも携帯の中のゲームが中心になっています。平成の初めにゲームが市販され、子どもたちに行きわたり、ゲーム世代の子どもたちが、将来どうなるのかを心配しました。現在も同様に、親にはゲームをする時間を子どもと話し合い、決めるようにという指導が学校からもされています。ただ、子どもたちがせめて家庭では、時計を見ないでゲーム以外の何かに夢中になる時間、またはのんびりと親や兄弟姉妹と対話をする時間を過ごすべきだと思います。子ども期に、自由活発に動いたり、遊んだりすることで体力も精神力も作られるのであり、そして発達する体力や精神力が、知識を身につける力の素になるのです。

「最近の社会は、一方で子どもと大人の境界が様々な領域であいまいになっているが、他方では大人社会はいつでも子どもの存在を必要としている。すなわち、子どもという装置を大人が必要としている」(2)と山下は述べています。子どもたちは、大人と同じ世界で暮らすことが多くなっているし、メディアを通して大人と同じ情報を得ています。幼少期から、すでにレストランで一緒に食事をする、ディズニーランドも子どもたちの遊び場ではなく、誰もが遊べるレジャーランドとして認識されています。子どもでも、コーヒーが好きであり、お子様ランチなどに興味を持たないということが、日常的になっています。だが一方で、大人社会は、常に大人社会のひずみや偽善的な面をただすために、子どもという異なった世界の人間を作り出すことを必要としていると言われます。ゆえに大人は、「子どもは大人と違い純粋だとか、子どもは無心に頑張れる」などといった、大人がすでに失っていると思う子どもの動向を基準にしたり、反面教師にしたりして、自分たちの社会のひずみをただしたり、バランスを取ろうとしているように感じます。しかし、現代の社会において子どもたちは、どんどん大人社会に巻き込まれており、大人の都合でいいようにふりまわされています。「夏の暑さはいやだ、冬の寒さはつらい」などという言葉が、子どもたちからも聞かれ、子どもたちも暑いときは外に出ない、寒い時は暖房をつけるというようになっているのです。次第に私たちの生活の中で、子どもを子どもらしく表現する言葉がなくなっているような気がします。すなわち、子ども時代が見えなくなっているともいえるし、その意味で大人たちの求める装置としての子どもたちの姿がなくなっており、役に立たなくなってきているのです。従って、大人たちが、バランスを失い、大人たちの偽善をただすための基準も失ってしまったのかもしれません。

さらに、現代における家族の機能の問題も、指摘されています。山下は、「Ph・アリエスの著書『〈子ども〉の誕生』の中では、子ども期の発見以後、両親と子どもが一緒に過ごし、夫婦と子どもとの間の愛情や家族としての情緒的関係が特に重視されるようになった[3]」と述べています。この場面から私たちは、子どもたちを中心に家族が寄り添う暖かな家庭、その中で子どもに愛情を注ぐ母親の姿、子どもには善く生きてほしいと願いながら、子どもの成長を支援する父親の働きを、鮮明に描くことができるのです。このようなことは、少し前の時代の家庭には、当たり前のようにあった情景です。しかし、こうした家庭や家族の在り方が変わり、子どもの生活も確実に変化していることは明白です。例えば次のようなことです。

「核家族が進む中で、母親が家庭内の役割を専業的に担うことで、家庭内の求心力が何となく維持されてきました。しかし、女性が職場という家庭の外の世界に本格的に参加するにつれて、この求心力が弱まり、家族の個人化を推し進めることになったと言えます。ただし、ここでは女性の職場進出が悪いとは、けっして言っているのではありません。加えて、消費生活の点でも、個人が家族単位に依存しないで生活することが、可能になる条件を形成してきました。女性側の経済的自立、男性側の妻のサービスに代わる商品やサービスの購入の増大は、個人が家族に頼らなくても生活できる可能性を拡大し、家族の中心機能とされる情緒的機能や愛情的機能でさえ、商品・サービスによって代替される可能性が大きくなってきています」(4)と布施晶子らは指摘しています。具体的には、家の掃除洗濯、食事の用意、子どもの世話等々、商品・サービスによって、代替できるようになっています。親がやっていた塾の送り迎えも、塾側のサービスとして行われています。親に代わって、子どもたちを楽しませたり、情緒面にかかわる指導をするサービスも実在します。親がすべき家庭での遊びを、代行するサービスもあります。家庭内の個人化・個別化により、親がこれまでの役割を放棄すればするほど、それに代わる商品やサービスは、現実に増大してきているのです。だが、こうした傾向は、家族生活の形や機能に変化をもたらすことは当然ですが、情緒的機能や愛情機能など、家庭内の内部的な機能の商品化・サービス化は、親と子のきずなの構築、家庭内の人間関係の緊密化、親と子の対話など、基本的に家族に必要とされることにも、何らかの変化を与えることは間違いありません。変化だけではなく、家族の個人化・個別化によって発現・拡大する家族機能の商品化は、新たな家族の危機を生み出すかもしれません。

このように、大人社会の便宜性や個人の自由を求める傾向、そしてライフスタイルの変化が、子どもたちの今後の生活にも様々な影響を与えていくことは確実です。私たちは、時代の変化に合わせて生きることも必要ですが、家族にとって変わってはいけない部分を堅持することも必要です。こういう時代だからこそ、家庭教育における変わらない部分、変われない部分を、もう一度再考し、そしてそれらを大切に守りつつ、流行や変化に対応することが確実に求められています。

(注)

(1) 山下恒男著『子どもという不安』現代書館、一九九三年、三二四頁。
(2) 同書、三二六頁。
(3) 同書、三二三頁。
(4) 布施晶子・玉水俊哲・庄司洋子編『現代家族のルネッサンス』青木書店、一九九二年、二二七〜二二八頁。

おわりに（生きる力を育てる）

最近のＩＴ機器や様々な技術の発展が、私たちの生活に多様で便宜的なものを作り出してきました。しかし、それらの多くの便利なものは、人間関係の充実や人々の結びつきをより密にするものではないようです。人々の結びつきに関して言えば、ＩＴ技術の発展により生み出された機器は、コミュニケーションの多様化と便宜性をもたらし、容易に他の人との連絡が可能になりました。一方で、現実に対面しなくても様々な形でのコミュニケーションが可能になり、ＳＮＳによる画像の配信や通信もできるようになっています。ここには、コミュニケーションの便利な側面を強く感じますが、コミュニケーションの個別化、自分だけのコミュニケーションを楽しむという側面も感じます。ただ、この新たなコミュニケーションの現状が、人間関係の充実や家族間の対話の充実に役立っているとは思えないのです。私たちの生活様式の他の面でもそうですが、便宜性だけを求めることが多くなっています。しかし、こうした状況の下で、これからの社会の激しい変化に対応しながら、豊かに生きる力を、子どもたちは本当に獲得できているのでしょうか。

文部科学省では、二〇一〇（平成二二）年の学習指導要領の改訂時に、初めて「生きる力」の育成ということに言及しました。二〇二〇（令和二）年の改訂学習指導要領では、学校で学んだことが、子どもたちの「生きる力」となって、明日に、そしてその先の人生に繋がってほしいという強い願いが含まれています。そして、これからの社会が、どんなに変化して予測困難になっても、自らの課題を見つけ、自ら学び、自ら考え、判断して行動し、それぞれに思い描く幸せを実現してほしいという強い希望を示しています。この改訂学習指導要領は、保護者の皆様や地域の皆様のお力添えを頂きながら、より善い学校教育を通じてより善い社会を創るという目標を達成していくとして、「保護者の皆様へ」と次のような呼びかけをしています。「子供たちの生きる力を育むには、学校での学びを日常生活で活用したり、ご家庭での経験を学校生活で生かしたりすることがとても大切です。お子さんが学校で学んだことについて、ご家庭で、是非話してください。保護者の皆様の働きかけが、子供たちの生きる力を育む原動力になります。」まさに、学校と家庭の協力、家庭内での親と子の対話、そして学んだことを日常の生活で活用する機会の提供といった、これまで論じてきた多くのことを再度見直す必要性を強調しています。加えて、保護者の働きかけがある家庭の子どもの学力は高いという傾向があります。例えば「家庭での会話が多い」、「テレビ、DVDなどを見る時間が決まっている」、「ゲーム（携帯電話やスマートフォンのゲーム）の時間を限定している」、そして「自分の考えをしっかり伝えられる」というのです。家庭における規則や良い慣習は大切にすべきです。ただし、家庭での規則を守ることや親子での対話や意見の交換の時間を大切にすることは、自立性を持ちながら、みんなが助け合い、共に生きる集団にとって不可欠なことであると思います。

私は、一九九二（平成四）年に『いま家庭教育を考える―親と子の生涯学習―』という家庭教育に関する本を、川島書店から発刊しました。約二九年前のことです。そして、その頃生まれた子どもたちは、もうすぐ三十歳になろうとしています。まさに子育てが、忙しくなる頃だろうと思います。さらに、昨年からは新型コロナウイルスという感染症に見舞われ大変な時世を迎えています。加えて、様々な自然災害等も発生しています。こうした様々な予測不可能な困難の中で、次の世代を担う子どもたちを、自立的で柔軟な対応力、そして生きる力が求められる時代に即応できる人間に成長させられるのか、心配です。是非、様々な知識・技術を身につけ、そして親子共学を続けることによって、強い家庭を作り上げてほしいと願っています。

また、今年は東日本大震災から十年目でした。十分な復興はまだまだであり、この難題を次世代に託さねばなりません。残念です。しかし、このような時だからこそ、家族が思いやりを持ち、強い絆をもって助け合う、そのような家庭・家族を考えながら、この本を書きました。誰にとっても、この一年はつらい一年であったと思いますが、これからも乗り越えていければと思います。

最後に、いつものように出版をお引き受けいただいた川島書店の松田博明氏に、心よりお礼を申し上げます。本当に長い付き合いになり、苦労もおかけしました。また、これまで、研究生活を支えてきてくれた妻（晴美）にもお礼を言いたいと思います。そして、前述の本の時に、挿絵を描いてくれた星友子（旧姓鈴木）さんと、残念ながら大震災の津波で亡くなられましたが、この時の本を応援してくれた星さんのご両親にもずっと感謝しております。

今回もこの本を、わが子の子育てに、公民館での家庭教育教室に、そして教科書として、より多くの人々に使っていただき、読んでいただけることを、心より期待いたします。

二〇二一（令和三）年四月

著　者

著者略歴

遠藤 克弥（Katsuya Endo）

慶應義塾大学社会学研究科教育学専攻修了、シアトル大学教育学大学院修士課程修了、国際基督教大学大学院教育哲学専攻博士課程（単位取得退学）

現在　東京国際大学言語コミュニケーション学部教授

埼玉県教育委員会委員、ユニセフ評議員、川越市社会教育委員、川越市図書館協議会委員、川越市子どもサポート委員会会長

主要著書

『いま家庭教育を考える』川島書店（単著）『道徳教育実践論』川島書店（編著）『教育の原理を学ぶ』川島書店（共著）『新教育辞典』勉誠出版（監修・共著）『共にまなぶ道徳教育』川島書店（編著）『国際化理解と教育』川島書店（単著）ほか。

家庭教育を再考する

2021年9月30日　第1刷発行

著　者　遠　藤　克　弥

発行者　中　村　裕　二

発行所　(有) 川　島　書　店

〒165-0026

東京都中野区新井 2-16-7

電話 03-3388-5065

（営業・編集）電話 048-286-9001

FAX 048-287-6070

Printed in Japan　DTP・風草工房／印刷 製本・(株) シナノ

落丁・乱丁本はお取替いたします　　振替・00170-5-34102

＊定価はカバーに表示してあります

ISBN978-4-7610-0943-4 C3037